阳光教师的
学思课堂

乔荣凝 / 著

 北京师范大学出版集团
BEIJING NORMAL UNIVERSITY PUBLISHING GROUP
北京师范大学出版社

图书在版编目(CIP)数据

阳光教师的学思课堂 / 乔荣凝著. —北京：北京师范大学出版社，2021.1(2022.11 重印)

ISBN 978-7-303-26332-5

Ⅰ.①阳… Ⅱ.①乔… Ⅲ.①中小学－课堂教学－教学研究 Ⅳ.①G632.421

中国版本图书馆 CIP 数据核字(2020)第 171085 号

图 书 意 见 反 馈	gaozhifk@bnupg.com 010-58805079
营 销 中 心 电 话	010-58802755 58800035
北师大出版社教师教育分社微信公众号	京师教师教育

YANGGUANG JIAOSHI DE XUE SI KETANG

出版发行	北京师范大学出版社 www.bnupg.com
	北京市西城区新街口外大街 12-3 号
	邮政编码：100088
印　　刷	天津旭非印刷有限公司
经　　销	全国新华书店
开　　本	710 mm×1000 mm 1/16
印　　张	12.5
字　　数	168 千字
版　　次	2021 年 1 月第 1 版
印　　次	2022 年 11 月第 4 次印刷
定　　价	49.00 元

策划编辑：冯谦益	责任编辑：郭　瑜
美术编辑：李向昕	装帧设计：尚世视觉
责任校对：郑淑莉	责任印制：马　洁

序一：学思结合，关注课堂

我们说要关注基础教育，关注课堂，关注课堂教育教学的质量等，其实从根本上说，就是关注从事基础教育工作的教师的综合素质。教师综合素质的提高，是基础教育水平提高的一个重要前提。现在的中小学教师承受着几乎历史上最大的社会压力。如何面对在网络时代成长起来的学生，成为一位真正受学生欢迎的好教师，是全体中小学教师亟待解决的问题，因为每一位教师，都希望自己成为一位"好老师"。

许多教师，特别是年轻的教师，他们不缺乏先进的教育理念；他们所缺乏的，也是最迫切需要提高的，是在自己的教学岗位上如何有效地实践这些理念。曾有教师用质朴的语言说："我们需要一粒种子，埋在我们心里能生根、发芽、成长！"

本书是本人对自己半个多世纪的教育理念进行的总结和提炼，书中特别介绍了从2010年提出并实践的"学思课堂"。"学思结合"源于孔子"学而不思则罔，思而不学则殆"的哲学思想，我把这种哲学思想运用到课堂中，就是"学思课堂"。

"学思课堂"是使"立德树人"思想在课堂教学中实践出来、"提高学生思维品质"的课堂。本书详细介绍了有关"学思课堂"的理念、实质、途径方法和实践效果等。在写作过程中，尽量生活化、故事化、避免长篇大论，让读者读得有趣味。本书适合全体从事和关心基础教育的朋友。本

书也可以作为教师"课堂教学培训"的辅助教材。

　　本人诚挚地希望这本书能对基础教育界的教师朋友们，特别是年轻的教师朋友们，有所帮助；更诚恳地希望和大家进行友好的交流，欢迎提出你们的意见和建议。我们都是基础教育中的基层教师，是最有共同语言的好朋友！

序二：不忘初心

"不忘初心，方得始终"，这是一句励志的话，告诉我们要勇敢地挚爱自己的理想，并在实践中进行坚忍不拔地奋斗。我已经 77 岁了，而我的初心是什么？

上大学时，我去拜访方程论方面的学者申又枨教授，申先生有几句话我一直未敢忘记，他原话的大意是，**一定要从最平凡简单的事情做起，读书似的读书，是枯燥无味的。即便你非常喜欢抽象的数学了，也要尽量做到文理兼通，否则就无从比较为什么你更喜欢数学，也无法体验数学的无处不在。** 他当时举了段学复教授的例子，段教授不仅是数学家，而且精通诗词歌赋。① 在大学读书时，我也曾多次去中关村科学院数学所留恋徘徊，幻想过"用一支笔一张纸游历数学世界"，这是初心吗？

在这万紫千红的现实世界中，初心，其实是一个多元函数，它的自变量包括了年龄、环境、阅历、兴趣、责任等。

1966 年我毕业了，1968 年春天，我被分配到一所中学做了一名教师。当我被天真烂漫的中学生接受并喜欢的时候，我才有了真正的初心：

---

① 段学复是北京师范大学附属中学毕业生，清华大学毕业后赴美留学，中国科学院院士、北京大学数学系主任。

既然当了中学教师，我就要把学生载上数学这一叶知识的扁舟，和他们一起在享受数学抽象美的同时，去实践真诚、大爱、善良；去坚持探求与坚守；去体验世界的美好与最适合自己的追求，在风景如画与雷雨交加中到达人格成长的彼岸。

我爱上了三尺讲台，更爱上了教室里一双双闪闪发亮的眼睛。因为每一双眼睛都代表着一个独具个性的生命的存在。教师对学生生命的尊重，首先是在教学课堂上。我希望学生能从课堂上获取他们成长所必需的营养。作为数学教师，向学生传递数学的抽象能力、逻辑推理能力、构造数学模型能力和准确的计算能力，从而提高学生的思维品质，达到"立德树人"的目的，是我的重要使命。

从走上讲台的那一天开始，我就努力运用语言情境，去引导学生放飞想象力。我站在高等数学的视角，深入浅出地让学生从"简单与复杂""运动与静止""画图与推理""形象与逻辑""生活与符号"等方面去体验数学的美，引发学生对数学的好奇与兴趣，建立从数学内容到价值取向的选择与取舍。在教学时我会不失时机地把中国古代数学精华介绍给学生，如"刘徽割圆"等。引发学生的感悟和思想升华，仅仅靠教师的讲是不够的，更重要的是让学生一起参与，让学生学会独立思考。感谢一届届的学生把我留在了中学的三尺讲台，前几天我还在给初一的学生讲：数学的"提取公因式"其实就是成语"求同存异"。

我已经77岁了，但从未"忘记初心"，也已经开始感受到了"方得始终"。遍布全国各地以及海外的学生，正以大爱与善良的人格、饱满的热情、认真的态度、包容的心态和聪明才智，成为工作岗位上的佼佼者。感恩我所有的学生，没有学生就没有教师。

我从来没有后悔当一名中学教师。这本小册子，是我50多年从事教育教学工作的实践与心得，但愿对您的教育教学工作有所借鉴和帮助。

目　　录

第一章　学思课堂的由来

第一节　且学且思且行

我 1966 年毕业于北京大学数学力学系，1968 年 6 月被分配到武汉市第十九中学（以下简称：十九中）当了一名数学教师。从此，我踏上了中学的三尺讲台，至今已有半个多世纪。

1968 年 9 月，学校开始复课，按照"划片招生"的原则招生。十九中新招来的学生中，有些学生沾染了不少如打群架、吸烟等不良习气。

我到十九中时，学生已经复课了。我当了初中一年级（2）班的班主任，同时教这个班数学课。

我从"用字母表示数"开始教起，于是，这节课便是我终生从事中学数学教育的"第一课"。

我知道"万事开头难"的道理，要让学生接受我这个刚刚从事中学教育的年轻教师，"第一节"课至关重要。

一、 我上的第一节课

根据我自己是学生时的体会，特别是我心目中许多"好老师"的形象，我认真地准备了这"第一节"课。

对于初一学生来说，"用字母表示数"是一个很难的抽象数学概念，而且面对的还是一群不爱学习的孩子，我必须适应学生的实际情况，深入浅出地讲解。

当我走到教室门口时才发现，除了学生，还有几位教师坐在教室后

面准备听讲。我一下子紧张起来，心里忐忑不安。我做了一个深呼吸努力让自己安静下来。我稳步走进教室，只听见学生议论着："又来了一个新的！""昨天刚轰走一个，又来一个，刚毕业的学生吧？"

面对学生和那么多老师，我的脸瞬间涨红了。

"同学们好，我是新来的老师。"我停了一下，接着亲切而有力地说，"我想问大家几个问题。"

教室开始慢慢安静下来，学生在等我提出问题。

"谁能说一下你知道的所有的数？"

学生哄堂大笑，甚至有学生大声叫喊："看不起人，我什么数都知道。"

我平静地走下讲台，走到刚才大声叫喊的学生旁边，亲切地对他说："好啊，那就请你说说你认识多少数好吗？"

这个学生嬉皮笑脸地说出了很多数，越说越带劲。学生有起哄的，也有在那里助阵的，全班乱作一团。

"安静，安静，大家安静一下！"我大吼了一声。

教室里立即安静下来。学生好奇地看着我这位新来的老师。

我快步回到了讲台，没说话，转过身在黑板上用红粉笔画了一个很漂亮的大葫芦。

不知道是哪个学生大声喊了一句："哈哈，这不是那个宝葫芦吗？"班里又是哄堂大笑。

"对！"

我笑眯眯地说："是哪个同学说的呀？你说对了，我画的就是宝葫芦。可你们知道我为什么要画这个宝葫芦吗？"

同学们又安静了，等着我说出"画宝葫芦"的原因。

"我知道你们读过童话《宝葫芦的秘密》，我这个宝葫芦和那个宝葫芦可不一样。"我故意停了一下，让同学们有时间去想想，这个宝葫芦有什么不一样。

"我这个宝葫芦呀，是专门装'数'的宝葫芦，不管什么样的数它都能装进去，还能倒出来。"

我如同讲故事一样地说着，语调平和，态度亲切，吸引了所有同学和听课的老师。

我转过身，在黑板上画的宝葫芦里，写下了刚才那个同学说的那些数。

"你们看见了吧，那个同学说的那些数，都在这个宝葫芦里。也就是说，这个宝葫芦里，要有什么数就有什么数。"

班上少有的安静，学生都在听我娓娓动听地讲故事。

我不紧不慢又和蔼可亲的语言和态度，感染着全班每一个同学。

"现在你们看，这个宝葫芦里，既然什么样的数都有，那么你就可以让这个宝葫芦倒出来你想要的任何一个数。比如你说 500，那么宝葫芦就可以倒出来一个 500；如果你说 7％，那么宝葫芦就可以倒出来一个 7％。随便你说个数好了，这个宝葫芦就可以倒出来一个你说的那个数。"

我一边说一边用箭头把"500""7％"分别从宝葫芦里拉出来，形象地展现了思维过程。

学生们开始交头接耳起来，对这个宝葫芦产生了极大的兴趣。

"可是总画这个宝葫芦实在太麻烦了，你们有什么好办法吗？"

全班同学你一言、我一语，在热烈地讨论着。

"你们不是在学习英语吗？英语字母写起来可是很简单的呀！"我在启发学生。

一个学生突然大声喊："那就用 a 吧，这个 a 又简单又好写，还有个把子，挺像个带把子的宝葫芦。"

同学们都笑了，似乎都同意这个同学的办法。

"回答得太棒了！那今天我们就采用这个同学的意见，把宝葫芦用英语字母 a 表示，可是我还得问你们一下，用字母 b、c、m……行吗？"

几乎全班同学一起在喊："行！"

这时，我反而没有笑容了，一脸严肃地反问同学们："为什么？"

一个高个子男生勇敢地站起来大声地说："老师，你别以为我们傻，你不就是让我们用个符号代替宝葫芦吗！写什么符号都行，想写什么就写什么，我看画个苹果也行吧。"

班里又是一片笑声。

我用很大的声音对同学们说：

"这个高个子同学说得很好。其实，我们今天就是学一个新的数学知识——'用字母表示数'。这是个很抽象的数学概念，可是你们都很聪明，一下子就学会了，学懂了。"学生们显得很得意也很兴奋。

下课铃响了，学生们一下子把我围了起来：

"老师，你是新来的吧?"

"老师，你说的是普通话，很好听!"

"老师，你讲得很有意思，我们都爱听。"

"老师，你多大呀?"

……

我平生"第一节"课结束了。

"课堂教学"对教师来说，永远是第一位的，它是奠定教师职业、甚至事业的基础。由于我针对当时学生的情况做了充分的准备，即便是非常顽皮的学生，我对他也很尊重。我把一个十分抽象的数学问题，深入浅出地生活化了，易于学生接受并展开思维活动，学生们有了学的兴趣，我也得到了教的快乐。我上的"第一节"课完美结束了，这大大地拉近了我和学生的距离，加强了师生之间的信任和亲密。

二、 我的第一次家访

由于"第一节"课的成功，学生们知道我在武汉没有家，纷纷要求我到他们家里去看看，让我感到"家"的温暖。这确实让我很感动，也让我更明确了，教师能否按学生的认知水平和实际需求教学，是否尊重学生上课的感受，能否认真上好自己"本学科的课"，是学生能否接受这个教师的重要条件。

第一次去家访，我心中还是忐忑不安的，毕竟我刚刚参加工作，况且又是非师范类毕业，没学过教育心理学。而我的不少学生沾染了市侩气息，经常打架斗殴。听学校老教师们说，这些学生很难教育。

在我第一节课上那个最嬉皮笑脸的学生叫九九，因为家中有9个孩子，他最小，所以取名九九。他父亲是货车司机，母亲是家庭妇女。由于家里孩子多，缺乏管束，九九成了游走在江汉路一带的"小混混"，他满脸伤疤，一上课就捣乱，下了课就打闹。我决定第一次家访就去他家，请家长配合一起教育他。

我选了星期天去家访，因为他父亲星期天休息。上午 10 点多我到了九九的家，进门后才知道他的家庭环境很不好。他家人很多，有 11 口，家里只有一张大通铺，大家都挤在这个通铺上睡觉。

九九见我来了特别高兴，向我介绍了他的父母。他爸爸正坐在方桌旁喝酒，他妈妈热情地在通铺上清出一块地方，请我坐下，并递给我一杯热茶。

九九妈妈说："老师，对不起呀，我们家九九成天给您找麻烦！"

九九爸爸递过一杯酒说："来，老师，喝一杯。这个九九，我几乎天天打他，也管不住他，我和他妈都没文化，您是老师，该打就打。我们没意见，谁让他不学好呢。"

我红着脸坐在了通铺边上，忽然发现一只臭虫向我爬过来，我有点手足无措，九九妈妈快步走上来，用食指把那个臭虫捻死了。那臭虫除了冒出一股血，还有刺鼻的臭味！

九九父亲哈哈大笑，说："老师，莫怕，家里住的人多，房子太小，环境不好，没办法。"

顿时屋子里的人全笑了。

九九妈妈心疼地说："九九就是爱打架，个子又小，您看他的脸，都是疤，都是打架打的。"

九九妈妈说着，差点儿哭了。

我说："九九这孩子讲义气，爱帮助人。可是他不分对错，太逞能，家长也得多管管他。"

九九妈妈说："九九就交给您了，他回家总说从北京来了个年轻的好老师！您就管他吧，打啊、骂啊都行。"

九九妈妈接着说："不瞒老师，我们家太穷，还有这么多孩子。我没工作，九九要初中毕业了，只能下乡插队啦！"

九九插了一句，说："下乡插队就下乡插队，我给家里背大米回来。"
大家又都乐了。

我与家长又聊了一会儿关于配合教育的事，便告辞了。

这次家访后，九九有了进步，上课尽管听不懂，宁肯打瞌睡也不捣乱了。用九九的话来说就是"别的老师来了，就是告状，然后我被打一顿。您没告状，还说我爱帮助人，我特高兴，我要回报您"。

6月底，初三学生要毕业了，九九被分配到黄梅县农村去插队。临行前的一个中午，我正在自己宿舍内午休，听窗外有人在喊：

"老师，北京的老师！"

我连忙穿好衣服准备下楼，刚打开宿舍门，迎面就看见了九九妈妈。

九九妈妈满头大汗，气喘吁吁地说：

"北京老师，总算找到你了，我也是实在没办法，才来找你的。"

九九妈妈没等我请，就径直走进了我的宿舍，一把鼻涕一把泪地哭诉："老师，九九要去插队了，家里连个蚊帐也没有。在农村没蚊帐，这孩子可怎么活啊！我实在给他买不起蚊帐，学校只有你这个北京老师看得起他，我只好来求你了！"

我不知道说什么好，因为我也很穷，一个月的工资除了寄回家里贴补家用，剩下的钱也只够维持自己极简单的生活。我只能默默地倾听九九妈妈的诉说。

九九妈妈看到我床上挂着一顶很旧的蚊帐，不由分说地自己动手去摘我的蚊帐，一边摘一边哭着说：

"老师就借你这顶蚊帐用吧！老师不会不帮忙的，等九九有了出息，再来报答你。"

九九妈妈动作很利索，一顶蚊帐很快就取下来了，在向我道谢的时候，九九妈妈又看见地上有一双半高筒的胶鞋，也一起包在了蚊帐里。

九九妈妈说："北京来的老师就是好，学校只有你一个老师去我家里说过九九的好话，今天我也实在是没办法了，这些都是孩子下乡插队必须要用的。先谢谢北京老师对九九的大恩大德啦！"

我愣在那里，一边听九九妈妈唠叨，一边看着她所做的一切。

　　九九妈妈把蚊帐和胶鞋一起拿走了，就像这些东西本来就是她的一样。九九妈妈一边走一边说："我的九九有福啊！碰到这么好的北京老师，将来一定要好好报答老师啊！"

　　我看着九九妈妈渐渐远去的背影，我并没有抱怨，只是低声说了一句："可怜天下父母心啊！"

　　但愿这蚊帐和胶鞋能帮助九九在农村成长。现在想起来，也许，这就是萌芽之中的"教育情怀"？

　　后来听与九九在一起下乡插队的同学说，九九晚上睡在蚊帐里常常自言自语："我要对得起这顶蚊帐，好好劳动，千万不能打架。"

　　前两年我和九九还在联系，他一直都念念不忘"蚊帐与胶鞋"，并逐渐改掉了很多不良习气，成了一个真正自食其力的劳动者。现在九九也是近 70 岁的老人了，在街道上做点保卫工作，一家人过得很幸福。

　　常有人说教师是学生的引路人。既然是引路人，当学生有困难时，教师就必须给以力所能及的帮助。教师对学生必须做到"帮"在"当帮时"。往往一个小小的"帮助"就会影响他的一生。

三、　教师的责任与担当

　　我在武汉十九中教的最后一个班是高一(1)班。这个班几乎集中了全年级品学兼优的学生。其中有个学生叫陆汉生(化名)。

　　1974 年年初，我开始办理从武汉调回北京的事宜。陆汉生的母亲也是十九中的教师，她特意来找我。原来，她 15 岁的儿子陆汉生，一年前由于一次偶然的惊吓，精神上受了很大刺激，辗转武汉、上海等地的各大医院治疗无果，最后只能每日服用精神类药物控制病情。陆老师夫妻俩为陆汉生的前途十分担忧。他们查阅了大量的治疗方法，也拜访了很多专家，得知有一种办法或许可以治愈陆汉生的病。那就是把他带到一个全新的环境中慢慢消除他对陌生环境的恐惧感。

　　陆老师夫妻俩找到我，因为她得知我不久将回北京，我又是陆汉生的班主任，平日与陆汉生很亲近。所以陆老师希望我回北京时带上陆汉生。

当时我几乎没有多想就答应了。一种对孩子的同情心和做班主任的责任感让我完全没有考虑在治疗的过程中自己要担负多大的"责任"！陆老师还找到了陆汉生的两个同学：史美德(化名)与倪胡顺(化名)。史美德与倪胡顺以为只是利用暑假来北京旅游，完全不知道是为了帮助陆汉生治病。

4月我先回了北京，6月月底陆汉生和史美德、倪胡顺一起来到了北京。他们都住在我家，正式开始了北京之行。

三个小朋友加上我，四个人用一个多月的时间，几乎逛遍了北京所有名胜古迹。我当时根本没有关注付出了多少时间、精力和钱财，我更关注的是陆汉生的病情变化。陆汉生完全没有了在武汉时的沉默、呆滞，他恢复了孩子应有的天真和快乐！完全看不出在武汉时所表现出的病态，夜里陆汉生的睡眠也很好。

我给武汉陆老师写信汇报了情况，陆老师很快回了信，夫妻俩快乐的心情溢于言表。

不久，三个小朋友高兴地返回了武汉。后来听说，还有一些同学也加入了帮助陆汉生巩固正常生活的行列。有了同学和新班主任童老师的关爱，奇迹发生了——陆汉生的病痊愈了！他完全脱离了药物控制，重新回归了正常的生活！

之后的日子，陆汉生和普通人一样，学习、工作、结婚、生子。现在陆汉生已经60多岁了，有自己幸福的家庭，儿子也大学毕业了，一家人过着美满幸福的生活。

2006年我退休之后，曾去过一次武汉，当时陆老师夫妇已退休，不幸的是陆老师因患病而不会说话了。我去看望她时，她特意穿戴整齐地等着我，见面之后她紧紧地拉着我的双手，久久不松开，老泪横流。顿时我也落了泪，她的先生眼睛也湿润了。三个人不知道是因为久别重逢，还是曾经有过的患难与共，一时间都没有了用语言表达的能力，找不到适当的词汇表达自己的情感，不约而同地一起注视着陆汉生，顿时时间凝固了，整个房间沉浸在大爱与善良之中。

后来，听说陆老师病重，全依靠陆汉生悉心照料。他十分孝顺，直到两位老人去世。这都是往事了，现在想起来，全是感慨，人活一世主要活的是一个"情"字，陆老师夫妇没有遗憾，他们是带着儿子的爱走的。

教师必须有"大爱与善良"的起码人格。"大爱"是毫无私欲的爱的付出，"善良"则是一种为人处世的选择！处处为学生的健康成长着想，是教师的责任与担当。

四、 对学生的尊重与包容

廖雯是北京师范大学附属中学 1978 年入学高一的女生。她是一个清秀腼腆、酷爱文学而对理科学习不太入门的学生。当时我教她数学，也是她的班主任，中学毕业后她考入北京师范大学中文系，现在是著名的"文艺理论家"。前几年，有同学告诉我，她发表了一篇回忆在附中学习的文章《假如我是一个椭圆》，其中提到了我，并把这篇文章转发给了我。我读后有许多感触，并想起了爱因斯坦关于"什么是教育"的一句话："当在学校所学的一切全都忘记之后，还剩下来的才是教育。"

假如我是一个椭圆

廖雯（2009 年 6 月）

1978 年，北京恢复了高中统一考试，我考上了北京师范大学第一附属中学。那是个百废初兴，崇尚"理工"的年代，多少年积压的人才，个个揣着"学好数理化，走遍全天下"的壮志，团簇在狭窄的升学的"天梯"口，狼多肉少呀。名校都被冠以"重点"，师大一附中是北京数一数二的"重点中学"，考入这样的中学，相当于与"重点大学"结缘，意味着已经踏上了攀登天梯的第一阶，前景闪闪发光。

然而，我在那个时刻却严重地"走神"了，借助一些零散的《中华活页文选》，沿着那个时代无人问津的文言小路，我闯进了先秦诸子百家争鸣的领地。个人"性情"散发的气息和魅力更让我迷恋，一篇《逍遥游》，我感受了庄子的大气、智慧、幽默、气节，钦佩其对自然、人格、社会关系的洞察力；一篇《公输》，我贴近了墨子的善良、机智、能巧、节俭，

钦佩其摩顶放踵的身体力行。庄子和墨子精神中蔑视权贵的特立独行，尤其是甘为草民的"朴素"精神，对我的影响是很深的。

我的数学老师叫乔荣凝，当时还不到40岁，是我们老师中年轻的，在那时遇到乔老师是我一生的幸运。乔老师性情中有一种随意松散的气息，在当时全体师生高度紧张的"奋斗"气氛里显得很特别，也使我快要崩溃的神经有了喘息的可能。然而，我因为无法面对数学，也完全无法面对和靠近乔老师，我甚至不敢直视他的眼睛。

三天一小考，五天一大考，我的数学几乎都是"白卷"。一天我又交了白卷之后，同学都欢天喜地出去玩了，我沮丧得连从椅子上站起来的勇气都拿不出来，就一个人在教室僵坐着。我听见乔老师向我走来，我不敢看但我知道是乔老师，我屏住呼吸，不自觉地收紧了全身的肌肉。乔老师走到我桌前了，用手轻轻敲了敲我的桌面，悄声说："我知道你的心思和长处不在数学，我知道你文言文好，我也喜欢文言文。"我心里微微一动，也不敢抬头，下意识地把桌肚里的文言文小册子往里面捅了捅，隐约觉得乔老师已经窥到了我的秘密领地。乔老师接着说："下次考试的时候你在上面写什么都行，不管你写什么，我都给你及格的分数，但你不能交白卷，我给白卷打60分，学校领导一抽查就露馅儿了，你明白了吗?"乔老师说话有时会"结巴"，还有点"大舌头"，我注意到他在发"露馅儿"这个音的时候，舌头卷得有点吃力，我偷眼看了一下乔老师，他对我挤了一下眼，竟然是朋友般"合谋"的眼色，我的身心一下子放松了，轻轻点了点头。此后一年间数学的大考小考，我没有再交过"白卷"，我在卷子上写方程式、写函数、写立体几何种种，乔老师在上面画对、错、扣分、判分种种，我们配合默契，但只有我和乔老师知道，我的这些"数学"卷子其实与"数学"完全无关。

只有一次，我在乔老师的数学课上集中了精神，乔老师讲解析几何，竟然可以随手在黑板上画椭圆，那姿态的熟练、自如、帅气吸引了我。这一次，我在数学课上坦然地抬起了头，目不转睛地看着乔老师的手臂，乔老师一边回身在黑板上画椭圆，一边说"假如我是一个椭……椭圆"，我又一次注意到乔老师在发"椭"这个音的时候舌头吃力得有点结巴了，更意识到"我是一个椭圆"无意间营造的幽默，那一刻我觉得我贴近了乔老师，我在心底无声地笑了。

一年之后，北京下了一个分文理科班的"政策"，我至今认为这个政策是最英明的政策，它使我已经黯淡的前景又重新闪闪发光了。我义无反顾地去了只有二十几个、一多半是"差"生的文科班，意想不到的是，乔老师竟然是这个文科班的班主任，在一个崇尚理工的年代，让一个数学老师做文科班的班主任，我不知道有没有"歧视"，反正，乔老师做我的班主任我由衷地欢喜。

在文科班的教室里，乔老师又一次走向我的座位，又一次轻轻敲了敲我的桌面，又一次悄声对我说："高考数学是主科，这回你可要学一点数学了。"我又一次轻轻点了点头。高考时我的数学居然考了 80 分（当时满分 100），天知道是什么狗屎运。而我最喜欢、最得意的历史却只考了 66 分，那年历史试卷，最大的一道近 30 分的题是关于西方历史上一场什么"革命"，我在考卷上完整地叙述了一场"革命"，并加上了自己对革命的看法，然而此"革命"非彼"革命"，我把两场"革命"搞混了，人生如戏！

我毕业告别的时候，乔老师笑眯眯、悄悄地对我说，"你还是可以学数学的嘛"，我会意而满怀惭愧地低着头，心中充满感激，却无言以对。如果我在那个时刻遇到的不是乔老师，或许我的人生将转向别处。30 年间，我无数次想去看望乔老师，我甚至现在也有乔老师的手机和家里电话号码，可我至今还没有鼓足勇气。

这是我隐藏在心中 30 年的秘密，如今"解密"了。

教师必须了解所有学生的性格特点和兴趣爱好，这样才能对学生做到实事求是的理解和包容，同时也是在为学生的健康成长提供最大的帮助。

五、 教师的身教与言教

1993 年入学的北京师范大学附属中学高一学生高扬、杜雪童是两个数学"神童"，杜雪童还有把许多代数问题自行转化为平面几何加以解决的思维能力。他俩的理科学习有很高的天赋，但是英语成绩却一塌糊涂。

于是我找他们谈心，苦口婆心地告诉他们在基础教育阶段必须全面成长、不能偏科，并根据他俩的具体情况允许他们在数学课时间只要不讲新知识，他俩都可以去图书馆补习英语，同时为他俩约请了英语老师。经过师生共同努力，他们的英语成绩有了很大提高。

抽象性和严谨的逻辑性是数学的最大特点，如何由生活现象抽象为数学问题，建立数学模型，形成严谨的逻辑思维是数学教师的重要任务。在教立体几何时，我会和学生一起自制教具，让学生亲身体验"由生活到数学的抽象过程"，我经常会拿几个大萝卜或土豆，在课堂上和学生一起切成需要的几何体，学生学得有兴趣，教师也教得高兴。在不知不觉中提高了学生的抽象能力与逻辑思维能力。

琐　记

刘壮明(1996 年毕业于北京师范大学附属中学)

乔老师是我们非常喜欢的一位数学老师。他上课时教我们知识，严肃而且严格，但内容丰富，讲课风趣；课下，他又是我们的朋友。

平易近人，是乔老师给我的第一感觉。那是初一的下半学期，我当上了数学课代表，经常去数学组。每进数学组，我都会看见一位年过半百，但显得博学多才、和蔼可亲的老教师坐在远处的一个角落里。他时而戴上眼镜专心地看书，时而摘下眼镜写几个字。最让我注意的，还是他与意大利球星隆巴多有几分相像。有一天，他很高兴地把我叫过去，笑着问我："每天都准时来送作业，真负责啊！你叫什么？""我，我叫刘壮明，初一(4)班的。"我笔直地站在那儿，有点紧张。"来，坐这儿。"他从旁边拉过来一把椅子，让我坐下。我有些不安地坐下了，拘谨地回答着他的问题。但不一会儿，我们聊起了足球，原来他也是个球迷。这时，我那颗忐忑不安的心轻松了许多，在我面前的不是"高不可攀"的数学组组长，而是平易近人、有着共同语言的球迷。我和乔老师便开始了这段"忘年交"。

初中三年，我和乔老师的交往大多是在课下。上了高中，他教我们，又使我更加了解乔老师了。他的课内容丰富且形式多样，把枯燥的数学简直讲活了，同学们很快喜欢上了他。

乔老师上课经常是一身西装，显得很严肃，言语却不失风趣。一次他给我们讲如何考虑问题，他说："想问题，有时要一步步去严密地证明；而有时候要凭直觉去想，直觉很重要，你认为它是对的，再去找为什么。也就是有时要实实在在，而有时要虚一点，即有实有虚。而且，你们学数学也要学好语文和英语。尤其是语文，它决定着你今后能否学好数学！有首诗叫什么来着？""诗！诗和数学还有关系？""没错，不是有首诗说'一去二三里，烟村四五家。亭台六七座，八九十枝花'吗？从一到十不是都写进去了吗？还有那首《寻隐者不遇》说'只在此山中'是多么具体、实在；可下一句'云深不知处'又是多么虚无缥缈，让人看不见，摸不着，但似乎能感觉到。"全班都哈哈大笑起来，给索然无味的数学课带来了几分欢笑。

乔老师上课不光是自己讲，还经常提问，而且让我们讨论。有一次讲反函数，而且有人听课，我"不幸"被叫起来回答问题。我站起来不假思索地答道："当然了，原函数与反函数若有交点则必在直线 $y=x$ 上。"全班同学似乎都同意我的观点，并且点着头。"好！从今天起，我们把这个错误定义为刘壮明错误！"全班都笑得前仰后合，我还要"据理力争"，可乔老师却奇迹般地创造了一个函数，弄得我哑口无言，只得认输。那个错误一直留在我的脑海里，告诫我做事不要太武断。

同学们最喜欢的还是数学讨论课。乔老师在黑板上写下一个问题，随后坐在教室的后面，以后的时间就给我们畅所欲言了。同学们经常争得面红耳赤。尤其是当一个自以为想明白的同学上去讲时，其他人便会注意听着准备随时纠正他的错误。那互相"揭短"的场面真不亚于"驴象之争"。只可惜同学们往往会陷入乔老师布下的陷阱，只能互相指出错误，但找不到最终的结果，最后又不得不让乔老师出马。这样一来，我们不但丰富了自己的思维方法，而且发现了自己的思维漏洞，在欢声笑语中对知识有了更深地理解。

数学很枯燥，似乎离不开数字、公式、图形，但乔老师用自制的教

具给我们上的课，却使人兴趣盎然。那是一节立体几何课，乔老师拿着书走进了教室。

"今天我们接着讲棱柱。看，这是一个正六棱柱。"

说着，他从兜里掏出了一个东西，仔细一看，原来是用土豆削的，同学们笑起来。

"怎么切然后再怎么拼，能变成个斜六棱柱呢？"

"斜着切。"

同学们边笑边回答着。

"好，那我就切了。"

说着，他拿出了一把水果刀。原来是深藏不露啊！班里又是一片哗然。乔老师也笑了笑，又往下讲了……那节课是在欢声笑语中度过的，而那直观的实物把那些惹人烦的概念深印在我们的头脑中。

如果说看着乔老师自制的教具有种新鲜的感觉，那么轮到自己做时，却又是另一番情趣。同样是一节立体几何课，乔老师教我们做正多面体。首先，得能画出正多面体。从正四面体、正六面体，到正十二面体、正二十面体，他由浅入深地引导我们。接下来，就是画它们的平面展开图。在他的启发下，我们终于想出了正十二面体和正二十面体的展开图。以后的工作，自然是回家动手做一个多面体了。我做了正十二面体，做好后真是爱不释手，那种激动、喜悦的心情难以用语言形容。

这就是我们喜爱的乔老师。一位平易近人、幽默风趣，把课讲得绘声绘色的数学教师。听他的课或与他聊天，不是一种负担，而是一种享受。数学不再是烦人的数字、公式和图形，而是令人兴奋的思维、动手训练。数学课也成了在欢声笑语中学知识的快乐时光。

以上所写的，仅仅是我半个多世纪在三尺讲台上的几个真实故事。我只想说，没有当教师的教育实践，不可能深刻理解教育的真实含义，所谓"教育情怀"是在做教师的过程中，逐渐萌动、生根、发芽、开花与结果的。因此，没有教育的实践，切莫空谈"教育情怀"。

"教育的本质是一棵大树去摇动另一棵小树，一朵白云推动另一朵白云，一个灵魂去影响并唤醒另一个灵魂的过程。"具体到学校教育，那便是用"教师的人格魅力和学识风范"去影响学生"立德"的成长过程。又因为在学校内，学生的大多数时间和精力全是在课堂中度过的，因此课堂教学就成了教师影响学生成长的最重要渠道，即课堂教学是立德树人的主渠道，而课堂又是由教师主导的，所以教师的素质与水平就成了学校教育质量的重中之重。

课本上的知识是死的，而学生是活的。因此教师必须把课本上的"死知识"讲活，如同给学生插上可以飞翔的知识翅膀。"知识源于生活又高于生活"，教师就是要把这"高于生活"活灵活现地呈现给学生，引发学生的兴趣，激发他们丰富的想象力，让学生插上知识的翅膀，在漫无边际的知识天空中有方向、有目的地翱翔。特别是教师要提炼"学科思想"，课本上的死知识，时间久了就忘了，而"学科思想"却能伴随学生一生。

六、　大爱与善良是教师的基本品质

什么是好的教育？好的教育显然不是只教会学生外在的知识，而是还能挖掘他们内在的潜能，让学生学会科学地思考问题，让他们自己去认知世界。只有激发学生进行自我教育，才算得上是真正的教育。

学校和教师应该给学生最好的教育，那么，学生会永远怀念这段美好教育的历程。2007 年 10 月 27 日，我在 QQ 上和一名已经毕业的学生相遇，他的网名叫蛋壳。下面是我们的一段聊天记录：

蛋壳：乔老师，高中老师里对我最有启发的就是您了。

真的，从您那学的那些数学思想，用在大学里特别吃得开。而且我还照着您的方法，给别人讲，他们都很受益。虽说教书育人就是您的本职工作，可我还是得好好谢谢您。好多都是精华，我学数学分析的时候，概率论的时候，一点都不吃力。那基本就是享受。从其他学校来的同学特羡慕我们。

老人与海：听你说，我很高兴。你们也给了我很多乐趣。

蛋壳：我们高中同学真是从心里对您很敬佩，特别是数学这方面。大一那会体会更深，您的那些话呀，还有口诀什么的，老能从脑子里蹦出来。

蛋壳：呵呵，其实中学时代还是很好玩的。相当怀念。

……

学生"蛋壳"的最后一句话："其实中学时代还是很好玩的。相当怀念。"特别是"相当怀念"这四个字，引起了我对从事了几十年的中学教育工作的深深怀念。

我知道快乐是幸福的一种表现和认知，它是一种情绪的外在表露。幸福则是一种状态，是具有哲学深度的精神追求，是个人的社会存在为社会所认可之后而产生的自我愉悦的心理过程。我确实是幸福的。因为我没有不幸福的理由。大学毕业后，我就开始了中学教育生涯。在职业教师的不断挫折和教训中、在我和学生的相互教育的过程中，我逐渐成长起来，慢慢成为追求完美教育的教师……

作为一名教师，最大的愿望莫过于学生能够"青出于蓝而胜于蓝"。为了能让自己的学生有更美好的前程，教师都会想尽办法，不遗余力地去努力。因为学生的成就是对教师最大的心理安慰，也可以说，学生的成就就是教师的成就。

下文节选于北京师范大学附属中学学生杂志《附中人》：

（一）

特别要单独提一下的当然是乔荣凝老师了。在北京师范大学附属中学，有几位老师的课如果不听，可以说是没在北京师范大学附属中学待过。乔老师显然就是这群老师中的一位。他上课很有魅力，能将问题讲得清清楚楚，这自然是不用说的了。有一年新年的时候，乔老师拎了一个纸口袋到教室来，说，我们今天不上课了，做游戏吧。就用游戏的形式给我们讲解了许多数学中的有趣的问题。纸口袋里面是一些吃的东西，诸如"m&m"什么的；如果谁回答了他的问题，就奖励一袋。乔老师平时对学生总是笑容可掬，但是生起气来可真是吓人。我就曾经上课说话，被他老人家当场拎起来拍桌子大骂一顿。说实话，那次是我被老师骂得最厉害的一次。当时全班人连大气也不敢出一口，甚至不敢将身体动一动。下课后我去找他认错，但他只是说一声"哦，知道了"就完了；我怀疑刚才大发脾气的不是他。后来，下次上课的时候，老先生依然春风满面。

有关乔老师的传说有很多，比较著名的一个是：有一次北京师范大学附属中学的一批老师们去日本访问。日本的教师们很仰慕中国的诗词文化，就与我们的老师对诗词。结果我们的语文老师纷纷败下阵来。这时乔荣凝老师挺身而出，将日本友人的难题一一对上，而且完成得非常漂亮。这个传说的真实性令人怀疑，至少，为什么日本人要用英语来表达心中的赞赏之情呢？还有就是，附中的语文老师水平也不差，如果这个传说是真的，相信戴凤春老师(教我高一语文)和梁原草老师(可惜，我没能成为过他的学生)等几位高水平的文豪都没去。不过，我们大都认为，这件事本身还是真的，只不过流传的久了，有些夸大罢了。只是无论如何，作为一个数学老师，乔老师的人文修养之高是毋庸置疑的。他就曾经给我们朗诵过他自己写的诗，绝对是一流水平，可惜当时没有记录下来。我曾跟一个文科班的女孩谈论过乔老师，那个女孩说："乔老师……绝对有魅力！那是一种人格的魅力……"

（节选自学生黄河的文章）

（二）

我总免不了想起乔荣凝。许老师给我的是知识，乔荣凝给我的还有智慧。记得高一刚开学时的第一节课，别的老师都来个自我介绍什么的，乔荣凝一声不吭地走上讲台，第一句话就直入正题，开始讲课。他经常穿一件熨帖的衬衫，说话有时会结巴，我们总是因为他一遍又一遍地重复一句话而捧腹不已。可是我觉得他这样反而更可爱。他说"函数一张图"的时候用一种奇特的语调，抑扬顿挫的。还有"穷追角象限"，"穷"字拖得很长，像朗诵似的。他讲着讲着课，会很自然地扯到一些相干又不相干的事，比如大概是讲反函数的时候，他说："你想要什么，就得看准目标，一直追，追下去。"其中的暗指不言而喻，呵呵。他不是那种喜欢开玩笑的人，但你又会觉得他很幽默。他让上课答错问题的人当着他教的两个班的全体同学的面开演唱会。学期最后一节课他给我们介绍生活中的一至十和他写的诗，他的诗还是很好的，不管是旧体诗还是新体诗。教师节时，我们送给他一个笔筒，放在了他的讲台上。他即兴在黑板上

写了一首诗，我们都惊呆了。这些可爱的事，有哪个老师会做得出来呢？后来我去了文科班，妈妈问我有没有为不学理科了而感到遗憾？我说不，可是我心里确实有些遗憾，那么一个风度翩翩、智慧的人不教我了，我不再有幸在他的课堂上，真是非常遗憾的事。我在上 X^3 的课时，精力总不能集中，思绪总是到处游离，总想着如果是乔荣凝会怎么说，他一上课，不会用很难的东西把你吓回去，他总是从你最熟悉的地方开始，写一些看起来很弱的式子，可不知怎么，就不自觉跟着他一步一步地推出一个超级复杂的公式，然后大家做恍然大悟状。昨天语文课刘美玲老师说："可惜我们身边没有一个像鲁迅那样能给我们指点迷津的人了。"在我心里，那不就是乔荣凝么，呵呵。

（节选自学生洪宇辉的文章）

学生到学校来上学，在"课堂"内的时间最多。因此，在学校内，"课堂教学"永远是"立德树人"的主渠道。所以说，教师是一种高尚的职业，教师所从事的教育事业是崇高的事业。教师的高尚、教育事业的崇高，其实就是教师通过自己的教育行为，全身心的为学生服务。在这个为学生服务的过程中，教师把自己所有的智慧、能力和精神都用"大爱与善良"凝聚为一个"立德树人"的整体力量，无私地奉献给了他的学生。教师催生学生对人类文明知识的渴望，激发学生对各种科学文化知识的兴趣，使学生自行探讨并破解成长道路上的一个又一个的难题，养成科学的思维习惯；使学生在教育过程中，逐步形成自尊、自爱、自信、自立、自强的优秀性品质，适应社会的发展，为社会的发展与进步贡献自己的力量。

在 2014 年第三十个教师节前夕，习近平总书记考察北京师范大学时勉励教师要做"有理想信念、有道德情操、有扎实学识、有仁爱之心"的"四有"好老师。

学生从小受到的教育会影响他的一生。真正的教育，需要教师将学生当作一个独立的人来引导，而不是直接想当然地去给予。应当教导学生"自信而不自满""独立而不孤立""学思结合而不盲目追随"，激发他们的"想象能力""质疑能力""自理能力""创新能力"……所有好的教育，都带着教师智慧的光芒和发自内心的"爱"。

这个世界永远不是少数有钱人的世界，更不是少数有权人的世界，而是有大爱与善良、辛勤劳动的人的世界。而教师，就是用自己的"大爱与善良"去影响学生，学生也以"大爱与善良"的胸怀走进世俗世界，去做一名敢于担当、勇敢前进的人。

七、 为学生创建健康成长的环境

我们每一个教师都知道，爱是教育的真谛。那我们教师在这个教育过程中，如何体现这个"爱"？要用"爱"来做什么呢？

这让我想到，现在很多家长为孩子"择校"的事情。有些家长不惜花费他们多年的积蓄，为孩子找一所"好学校"。其实这有点像我国古代"孟母三迁"的故事。现代的"择校"也好，古代的"孟母三迁"也好，其实本质都是一样的，那就是家长要给自己的孩子找一个优质的成长环境。说得更现实一点，就是在寻找一个适合孩子健康成长的环境。这个环境重要的不是华丽的教室，不是宽敞的校园，而是主宰这个环境中的人员的构成。所有家长都知道，孩子在学校里主要是和同学、教师交往的。这个人与人之间的交往过程，对孩子成长的影响最大。因此这个环境中与人员的构成(也就是同学、教师的素质修养)，就成了客观上"择校"的重要依据。

在学校，学生是相对流动的，而教师则是相对稳定的。因此，教师是校园中最重要的因素之一。在学生进入这个学校之前，甚至在中学生进校后相互熟悉之前，教师的品德、素养，就成了学生进校之后面临的第一个最实体的教育形象，教师整体在学生面前所呈现出的精神面貌和对学生的态度，成了这个学校的一张无形的"教育名片"。

教师的世界观、人生观、价值观、人文修养、兴趣爱好和言谈举止，教师对人生的思考与实践、对教育的理解与行为，在静态的校园中会凝聚为教师的一种无形的整体力量，形成动态的教师文化。这种文化会潜移默化地影响着我们的学生，有的甚至会影响学生的一生。这种教师文化会直接影响并催生、引导出学校的学生文化，反映着学生们的精神面

貌、学习风气、对未来的理想与追求，以及学生们在前进过程中的点点滴滴。

1980 年，平谷的张云生考上了我们班。由于来自较偏僻农村，张云生不仅年龄比同班同学大两岁，而且基本上没学过英语。他在和市里的同学一起学习时总有一种"自卑与不安全感"。在填写入学学生登记表时，在"年龄"这一栏目下，他有点犯难了，并给我写了一封信，信中告诉我由于在农村他耽误了正常的入学年龄。我私下里找了他，安慰并鼓励他努力学习，打消"年龄"的顾虑。我还特意叮嘱了英语老师张春兰，尽量多给他一些关爱。张老师了解情况后，亲自为张云生等几个农村来的同学制订了英语学习计划，在两年时间里（当时高中是两年制），张云生的英语水平得到了很大提升，是同年级中的最高水平。最后张云生同学考取了清华大学。他在接到录取通知书时，满含热泪感谢张春兰老师两年来无微不至的关爱，化解了他之前没学过英语的自卑心理。当然他也感谢了所有的高中老师。正是这些老师用"大爱与善良"的教育行为，为他创建了安全的学习环境。

这种安全的学习环境应当是科学教育与人文教育互相渗透、互相支撑、互相依赖、共同作用下形成的。科学教育是一种以传授基本科学知识为手段，以素质教育为依托，体验科学思维方法和科学探究方法，培养科学精神与科学态度，建立完整的科学知识观与价值观，进行科研基础能力训练和科学技术应用的教育，是以不同学科教育为主体，对自然科学的认识。人文教育是指对受教育者所进行实践活动和意识活动进行一种旨在促进其人性境界提升、理想人格塑造以及个人与社会价值实现的教育，其实质是人性教育，核心是涵养人文精神，是以人与人之间互相尊重和完善个人人格为出发点的，对真、善、美的认识与追求。在这个环境中，虽然说师生是在相互教育的过程中共同成长的，但相对来说，教师处在教育者的地位，而学生则处在受教育的地位。所以，教师应当明白：自己的教育对象是有年龄特点的、有思想、有意识、有个性的学生。每个学生不但有学生集体的共性，更有学生个体的鲜活个性。这就需要教师们在尊重学生年龄特点的基础上，注意观察和了解每个学生的发展倾向、特长爱好、知识能力等情况，真正做到"心中有学生"，为学生的健康成长"因材施教"。

在这个教育环境中，师生双方都应当有心理上的和精神上的安全感。教师的这种安全感来源于其本人对教育事业的热爱和自信，来源于对自己所教的学科的深厚基础以及学生对教师的认可和欢迎。学生的安全感来自他所处的教育环境对他的作用，这与教师的教育行为、教师为学生创建的教育氛围息息相关。有的学生不愿意走进学校或不愿意走进某一个教师的课堂，甚至有厌学、逃学的现象，往往是因为他觉得走进学校或这个教师的课堂有一种精神上的负担和心理上的不安全感。怕老师的无根据的或措辞不当的指责，怕老师不尊重个体学习能力的提问，怕远远超出个体学习能力的考试等，这都是因为学生的自尊心受到了伤害而导致的。

因此，教师为学生创建一个安全的教育氛围，尊重他们的年龄特点，保护他们获取知识的能力、水平和习惯，让每一名学生在走进学校或教室时精神上是解放的，心理上是安全的。这样教师才有可能在课堂上激发学生的好奇心和探索问题的欲望，让学生从内心深处发出探讨和获取知识的兴趣和愿望。

事实上，兴趣就是一种带有情绪色彩的认识倾向。它以认识和探索某种事物的需要为基础，是推动人去认识事物、探求真理的一种动机。孔子曾说过，"知之者不如好之者，好之者不如乐之者"。"好"和"乐"就是愿意学、喜欢学，就是学习兴趣。爱因斯坦曾说："兴趣和爱好是最好的老师。"培养学生的学习兴趣比让学生掌握学习方法更重要。那么，在学科探究教学中，教师应该怎样去激发和培养学生的兴趣呢？

第一，提供相互矛盾的事件，呈现令人困惑的问题情境，使学生产生认知上的失调，从而引发学生的兴趣，激发他们强烈的好奇心和求知欲；第二，切实帮助学生克服学习初始阶段的困难，稳定学生的兴趣；第三，培养师生之间的积极情感，从而使学生由喜爱学科教师发展到喜爱学科本身。

教师必须明确，课堂是学生的课堂，课堂的主人是学生，课堂是以

学生为中心的，教师是为学生的健康成长服务的。所以，这个教育环境也必须是健康的，除了教师所讲授的知识必须是健康的，还要求教师本人要有一个健康的心态，在课堂上所讲的每一句话，都要为学生的健康成长负责。

有个别教师上课喜欢"随心所欲"，想起什么说什么，甚至把个人的不良情绪带到课堂上，只顾自己说得痛快，不顾学生的感受。这样既降低了教师本人的威信，也是对学生的不尊重，而且还会构成不健康的教育环境，使师生关系疏远，教育效果适得其反。每一位教师都应当十分明确自己在师生关系中所处的地位，在对学生进行教育时，不能夹带个人的不良情绪。虽然教师也是活生生的人，也有自己的个人情感，但在与学生相处的过程中，一定要呈现出自己积极阳光的一面。师生之间的关系应该是如师如友，无论教师年龄有多大，都要把自己放在和自己的学生同龄人的地位，创建和谐的师生关系。所以，教师就必须要用对学生发自内心的爱，为学生构筑一个安全、和谐、健康的成长环境。在这样一个优质的教育环境中，教师把对学生的关爱充分释放出来，让学生的身心能切实体会到教师的爱的存在、爱的温暖和爱的力量。在教师的爱的支撑下，学生安全、和谐、健康的成长，形成健全的人格。

其实，教师对学生的大爱是一个怎么也说不清的概念。不同的教师会做出不同的解释，在这个问题上，我们不需要去争执，更不会得到一个统一的答案。这需要教师在自己对学生实施教育的过程中，去细细地品味，认真地反思，更需要去问问学生，听听他们的感受，特别是那些已经离开教师教育视野的学生，他们对当年教育过程的回味，也许才是真正对教育最深刻的、准确的评价。

我们在学校对学生进行的教育，一定是在学生毕业之后，当他们重温这段受教育的经历时，所表现出的对所受教育过程的感激之情，并能把这种感激化为一种力量，为他们以后的成长注入更多有益的元素。他们在回忆曾就读的学校时，总是那样津津乐道，有声有色地描绘当年老师的言行举止，对班级活动回味无穷。特别是当学生们毕业后三年、五年、十年或更长的时间，在工作中有了一些成绩时，他们才更能切身领悟到基础教育环境曾有的温馨，才更能真切地感悟到基础教育的许多教师为他们奠定了多么雄厚的基础。

环境对人的影响是显而易见的。不同的环境，会影响人的不同的情感、兴趣和对好恶的倾向、精神面貌等。比如，有一个和睦的家庭是每个人的向往。因为每个人无论在外面工作、学习，还是进行其他活动，都会有精神紧张、不愉快、不如意的时候，这时他的情感会受到压抑，需要调节。也就是在这个时候，他就会想回家，因为在家这个最温馨、最放松的环境里，他可以还原本来的"我"而随心所欲，可以做自己最想做的事，使身心得到最大的安慰和休息。当然，如果家中的成员之间充满了相互的抱怨，甚至相互指责等不和谐因素，那么这个家庭成员就不再想回到这个家。因为此时的家已失去了家最本质的内涵。

每个人都非常在意他所处的生存环境，特别是那些中小学学生，他们由于年龄的原因，更需要健康的成长环境，不同的教育环境和教育过程，会对他们的成长产生不同的影响。例如，高一新生入学时，从不同学校来的学生都会有不同的行为习惯和思考问题的方法等。所以，学生所在学校的教育环境对学生的成长是非常重要的。

我们都知道，世界著名的哈佛大学自创办以来，一般没有正式的教材，而是以全世界真实的经济和企业背景为基础，要求学生把理论与现实融为一体，进行学习和思考。哈佛大学提倡学生积极主动参与课堂讨论，要求学生以真正的政治家、企业家的角度去思考问题，重视的是得出结论的思维过程，形成了"永远改革、永远创新、永远追求"的校园精神。正是在这样的校园文化的熏陶下，哈佛大学先后走出了6位美国总统和36位诺贝尔奖的获得者。

我国现在是发展中国家，高等教育正在飞快发展。我国的基础教育在世界各地都有很好的声誉。在世界各国就读的中国学生都很受欢迎，中国学生的基础知识好，学习态度认真刻苦，这是世界各国教育界的共识。

2007年3月我在山东省济南市天桥区汇才中学(只有初中和小学)的校长办公室，亲身经历了这样一件事：

　　当时汇才中学的校舍还很破旧，坐落在一个居民小区里。教学楼是一座老式的三层楼，教室内没有多媒体设备，操场也是一个不大的土操场。校长室是一间闲置的教室，里面除了必备的办公桌外，就是一圈倚墙而放的已经废置的课桌椅(开会或会见外宾用)。我正在和王举生校长说话时，有三位家长来咨询学生上学以及学校的办学情况等。王举生校长说："请各位家长先不要听我的一面之词，你们最好在我们学校转一转，眼见为实嘛。再到学校周围了解一下情况，听听那些老大爷、老大妈对我们学校的评价，如果觉得还算满意，你们再回来，我们再交流意见。"三个家长你一言我一语地说："我们都问过了，你们学校的校风好，教出来的学生有礼貌，懂规矩。""你们学校特别干净，刚才下课时，我亲眼看到一个学生把他眼前的一堆纸屑捡起来扔到了垃圾桶。""你们老师认真负责，对学生好，教育孩子特别有方法，而且很有耐心……"

　　王举生校长打断了家长们的话，说："谢谢各位家长对我们的肯定，你们都只看到了我们好的一面，我还是请你们再去校内外多走访走访。我们学校目前校舍比较破旧，设备也不好，家长都想给孩子找个好学校。说实在的，就是家长把孩子放在学校图个省心、放心，从学校毕业后是个好孩子，能考个好一点的高中。所以我还是请几位再多了解一下，再回来找我。"王校长把几位家长送出了办公室，让他们去小区了解一下这所学校的情况后再回来(现在学校已经迁往新校址，但优良的教育环境没变，而且越来越好了)。

　　这是我第一次亲耳听到、亲眼看到的校长对家长招生咨询的回答。他的回答对自己的学校为学生创建了安全、健康、和谐的成长环境充满了自信。在这个自信校长的背后，是热爱基础教育，对学生充满爱的学校教育团队，以及这个团队为学生创建的良好的成长环境。

　　我曾经问过这个学校教初二的一位近 30 岁的青年教师戚甲宏，我问得很简单："小戚，你的学生这样喜欢你，你带的班又这么优秀，你觉得主要原因是什么？"戚老师几乎不假思索地回答："我更喜欢学生啊！"多么简洁、朴素的回答，一句极其简单的话，说出了教师的最本质的职业道德，最高尚的职业情操和最深刻的教育理念！

上面我已经反复强调，教师在创建优质的教育环境中，担当着主要角色。教师整体综合素质的高低，决定了学校教育环境的优劣。所以，关注教师的成长，提高教师的综合素质，是为学生创建安全、健康、和谐的教育环境的关键。

八、 尊重生命是教育的起点

学校教育是为学生健康成长服务的，说得更直白一些，就是教师是为学生服务的。这种服务的主渠道是课堂，我们所说的提高课堂教育的有效性也好，提高课堂教学质量也好，上好每一节课也好，其实说的都是一回事：课堂的时间是有限的，如何在有限的课堂教学时间内，提高为学生健康成长服务的质量和加快学生成长的速度。从上小学做学生开始，到大学毕业以后做教师，然后一直从教 50 多年，在这前前后后 70 多年的学校生活中，我深刻地体会到：每一个学生都渴望从每节课中获取更多有益的知识，丰满自己，让自己将来到社会上能更快地适应社会的需求，得到社会的认可，寻求更大的发展，实现个人的价值。而教师也都希望通过自己的教学行为，通过对学生的关爱，把知识转化为学生的力量，让自己的学生有健全的人格，早日成才。学生的期望和教师的期望是一致的，提高课堂教育质量，上好每一节课，就是要让学生、教师的期望高效地统一。

大多数学生对教师都是非常尊重的，大多数教师也是非常尊重学生的。这种尊重，说到底，就是对生命本身的尊重。

师生之间对生命的尊重是相互的。因为生命是不可重复的，所以，这种尊重更弥足珍贵。这种尊重表现在以下三个方面。

第一，尊重时间。

"浪费时间，就是浪费生命。"生命从某种意义上说，是由生命存活的一分一秒组成的。今天过去了，就不会再回来，同样，一堂课上完了，这堂课的时间也就消失了。学生到学校来上课，大部分时间都是在课堂上度过的。因此，教师珍惜课堂上的分分秒秒，提高课堂的实效性，提高每一堂课的教学质量，就是对学生生命的尊重。我们虽然总是说，学

生是课堂的主人，学生是学习的主体，可是也不要忘了，教师是课堂的组织者，所传授的知识是教师按照自己的理解在课堂上呈现给学生的。因此，一堂课质量的高低，教师是要负主要责任的。不管由于何原因，一节课没上好，学生没有收获，或学生收获甚微，主要责任都在教师。教师就是通过浪费这节课的形式，浪费了这节课的宝贵时间，这段时间既属于学生，也属于教师本人，教师浪费了这节课，他就不但浪费了学生的生命，也浪费了自己的生命。有的教师或许是对相应的知识认识不足，或许是对学生了解不够，或许是上课前备课不充分，于是在课堂上教师讲不清楚，学生听不明白，课后教师再找时间给学生补课，这样的反反复复，显然浪费了许多时间，这是对学生，其实也是对教师本人生命的不尊重。

第二，尊重情感。

对生命的尊重不仅表现在对时间的尊重上，还表现在对师生情感的尊重上。

我们都知道，每个人都是有感情的。所有人对某种事物的内心感受都是要用外在的喜、怒、哀、怨等形式表达出来的，所谓内向和外向只不过是外在情感的表达方式在程度上有所不同罢了。教师上课是与学生面对面的，通过组织课堂教学，与学生进行有效的情感交流。在交流过程中，教师对学生所表露出来的情感态度是否尊重，也体现了教师是否对学生生命的尊重。有的学生在课堂上和教师的教学活动很配合，呼应有序，于是得到教师的赞誉，其学习情绪会更高昂，这样教师和这部分学生之间往往就会形成一种良性的情感交流通道，也就是说，学生和教师的情感相互得到了尊重，在学习相关知识的过程中达到了和谐统一。于是在这部分同学身上，就会显现出课堂教学的高质量、高效率。

但课堂教学并不完全是这样的。在课堂上，我们常常会遇到这样的情况，有的同学对教师的讲课表现呆滞，或者干脆不听课，只做自己的事：或许在看小说，或许在相互低声交谈，或许在睡觉等。在这种情况下，教师往往不会去检讨自己的教学行为是否有不妥之处，也不去想自己为什么不受学生欢迎，而往往是简单地（甚至是粗暴地）批评这些同学，表现出对学生的这种情感的极不尊重。招之而来的，是学生对教师情感的不尊重，有时还会在课堂上与教师发生口角，逐渐形成师生之间的情感隔阂。这就极大地阻碍了师生之间正常的情感交流，实际上这是对双方生命的不尊重，当然主要还是由于教师对学生生命的不尊重导致的。

如果现实中课堂上出现了上面所说的现象，那么教师应当首先反省自己的教学行为，在什么地方不符合学生的认知规律，怎么样才能让学生接受自己的课堂教学，当然更应当走到学生中去，征求学生对自己教学的意见和建议，认真填补自己的不足，让自己的教学行为真正符合学生的需求，这样问题才能得到解决。

教师一定要特别关注学生在课堂上表现出来的各种情绪，这是学生对老师教学行为的最直接、最真实的"第一反应"。如果一个老师漠视这"第一反应"，至少这位老师是一个不珍惜学生情感的老师，他当然不可能成为一个好老师。

所以，我们说，一个老师对学生的尊重，也体现在对学生所表现出来的各种具体情感的尊重。

第三，尊重价值。

生命的价值体现，也是每个人所追求的。襁褓中的婴儿，有时会大声啼哭，这就是婴儿本能地要求大人对他的注意，婴儿也要体现生命的价值。学生也是一样，无论年龄和年级有何不同，都希望在他所处的社会环境中，有生命价值的体现。

如果教师尊重每个学生的生命，就应当努力创设条件，让每个学生的生命价值有所体现，让每个学生感到他是这个班级不可或缺的一员，在这个班级中有他的自尊，有他应有的地位。

但是，教师往往会忽略对每个学生的关注，在有意无意之间，把过多的关注给了这个班级学习最优秀的学生，或者最淘气的学生，而表现很平常的学生则得不到应有的关怀。还有个别教师会按个人的爱好取向，对某些学生给予过多的关爱，这样就会使得那些相对不受重视的学生产生失落感。如此种种，对学生的教育都是非常不利的。

每个学生都有不同的个性和才华，他们的才华在班级甚至学校里，

都有发挥出来的机会。教师首先应当了解每一个学生，然后再为每一个学生展示他们的才华创造条件，这样才是对学生生命价值的尊重，才能有效地发现人才，最成功地挖掘学生的潜能。当然，教师对学生生命价值的尊重，自然也会赢得学生对教师生命价值的尊重。

第二节 大爱立德树人

一、 阳光教师

曾在北京师范大学附属中学就读，并于 1980 年考入清华大学的薛庆同学，后来一直在北京理工大学做教师，多次被评为优秀教师。她在 2018 年年底写的一篇文章《阳光教师》中，对"教师"这个职业做了很好的诠释。

阳光教师

那天清晨到了办公室，无意发现自己那个漂亮的太阳花图案的杯子，跟当天戴的太阳花围巾如此般配，杯子上有"KEEP YOUR FACE TOWARDS THE SUNSHINE"，心中一片明亮，我想到了"阳光教师"。

《阳光教师》是北京市特级教师、我的母校北京师范大学附属中学退休数学老师乔老师写过的一本书。40 年前，乔老师以独特的人格魅力和优秀的教学方法让我们不惧怕数学，且保持优异成绩。书中老师用自己 40 年从教的体会经验总结了怎样做一个好老师。40 年后的现在，乔老师义务在北川中学辅导中学教师，他是我的榜样，是名副其实的"阳光教师"。

我从教 27 年多了，从最初朴素的喜欢做教师到后来将其视为始终坚守的事业，我思考怎样做一个"阳光教师"。

阳光来自对教育的信仰。这是爱岗敬业，视教育为使命的担当；是对教书育人的执着；是授人玫瑰，手有余香的境界。多年来，我以平常人的平常心坚守三尺讲台，享受做教师的感觉。为师有爱，施教有法，育人以理是我始终秉持的信念。无论面对哪个年级的学生，不论讲授基础课、专业课还是实验公选课，我都努力地设计课堂，经营课堂，掌控课堂，把课堂变成一个师生共同营造的快乐的学习乐园。此时教师如同太阳，用光和热照亮和温暖了学生的心灵，这光和热是知识，是能力，是做人的道理，也是教师的人格魅力。

阳光来自内心的坚强。著名作家毕淑敏写过一篇散文《风不能把阳光打败》。20多年前，一个当时的大四女生跟我说：老师您每堂课都一直是笑着上课的。今年一个毕业20年的学生说：同学们说当年您给我们上课从来都特精神，衣服没重样过。其实他们不知道那时我每天骑车单程1个小时上下班，整整十年的春夏秋冬也曾寒风凛冽也曾雨雪交加，每天真的很累，但态度是积极的内心是快乐的，我希望我的学生在教室看到的是一个充满激情充满关爱愿意给他们上课的教师，相由心生，笑容绽放。快乐来自情怀，快乐就可以用积极的人生态度和从容的能力战胜各种困难。

阳光来自学生的拥戴。7年前，癌症突如其来，我淡定的应对，每天在QQ日志上写"治疗过程和感受"，引来许多学生关注。一个我没教过的学生写了《从老师身上学到的》；一个学生写了《您是我的动力》；一个学生在毕业典礼上发言，用了我康复后见他们时说的"对不起，没能一直陪着你们，未来的日子我不会缺席"，对老师们表示感恩。某次大四学生的最后一次课，事先我让他们每个人写一句话交给我，我做了"别了，我的课堂"的展示，点滴记录了他们上课的交流活动，配了音乐，一个学生感动地流了很多眼泪；大一的课堂上我会让几个学生上台用手中的棒棒糖示意递归算法中数据的传递，大家印象深刻。我也清楚地记得那些留学回来的学生说："老师特感谢您推荐的这个项目，老师幸亏我们上专业课都做了团队学习，出国后经常是这种学习模式，都适应了。"我也欣慰自己有时一句话被学生用在毕业前德育答辩中。有时，我在想，普通人的价值在于被需要，能够给学生恰如其分的指导也是我价值的体现。的确，学生是我生活中重要的一部分，他们也是我的力量。

阳光教师不仅心是阳光的，而且他有把阳光播撒给别人的境界和能力，他深耕教育，是把学生放在心上的，是把话送到学生耳边的，用情教书，用心育人。他是个歌者，他能将内在对知识理解的高度与其外在对知识的表述，用最美的语言，把让自己感动的东西呈现出来去感动学生；他是个舞者，每次课堂上的举手投足、精神风貌都给学生内外兼收的美的感受。

做一个阳光教师，阳光是情怀，是操守，是智慧，是能力，也是内心的幸福。

所有教师都应当做一名"阳光教师"。

二、 课堂教学是教师的立足之本

在学校教育中，课堂教学显然是第一位的，因为学生在校期间的大部分时间与精力全放在了课堂上。课堂教学的质量，直接关系到"立德树人"的成效。每个教师在课堂教学中的言传身教、举手投足等，都会在学生脑海中留下深深的印记，或许会影响学生的一生。我们要做一名阳光教师，必须从课堂教学做起，从对教育教学的认识与热爱、对课堂教学的知识储备、对教学过程的完美要求、对课堂教学的跟踪等做起。

一天的 24 小时中，学生在学校的时间是最长的。因此关注课堂教学，就成了关注基础教育的重中之重。我们虽然说学生是学习的主体，是课堂的主人，但课堂教学是由教师来组织和指导的，因此，关注课堂也是关注教师，特别是关注 45 岁以下的中青年教师，关注他们的"课堂教学"。

做一名"阳光教学"必须以"课堂教学"开始。

三、 "教"与"学"是相互融合的过程

"教"和"学"是两个完全不同的过程。"教"的功能主要是教师给学生创造一个有核心问题的学科学习环境，让这个环境能促使学生在自我教育、互相教育中得以成长；而"学"则是一种学生个人发生在其思想深处

对知识的不断重组的心理反应。"教"是为了"学"，而"学"则是"教"所必须有的对象。整个"教学"，就是"教"与"学"不断"融合"的过程，把"教"与"学"统一为一个整体，于是"教学"应当是一个过程，一个"教"与"学"不断融合的过程。教师如果不理解这一点，就只能是只顾及自己的感受而不顾及学生的感受，不是在给学生讲课而是在给自己讲课，他永远成为不了真正意义上的教师。教学过程是由以下几个过程组合而成的。

（一）教学是教师与学生融合的过程

处在基础教育阶段的学生，由于年龄的原因，在与人相处时，情感因素是第一位的，愿不愿意上某位教师的课，或喜不喜欢某位教师，直接影响着他对这位教师所教的课的接受程度。师生之间真诚互动的情感交流，就成了课堂教学成功的最重要的因素。在师生的相处中，教师一般占主导地位。教师必须深刻了解自己所任教班级中的每一位学生，这个了解包括以下三个方面。

1. 学生的家庭背景

家是学生的根，家庭环境在青少年身上都有深深的烙印。不同家庭背景下走出来的孩子，会有不同的、鲜明的个性。教师不了解学生的家庭基本情况，就失去了和学生进行情感交流的重要基础。

有一位 A 老师，曾犯了这样一个错误：班里有个学生 M，最近一段时期，上课时常走神，而且好几天都没有交作业。A 老师出于对工作的负责，找来 M 同学询问情况。A 老师问："你为什么经常不交作业"？M 同学不予回答，情绪也很低落。A 老师连续问了几次，M 同学依然低头不语。A 老师有些生气了，说："你要再不交作业，我就请你母亲来学校！"没想到 A 老师这句话，引的 M 同学轻轻抽泣，掉下了眼泪。A 老师接着说："你还哭！哭也得请你妈来，要哭就当着你妈的面哭吧。"这句话一说出去，M 同学哭得更厉害了。A 老师没办法只好说："你回去吧，让你妈明天来一下吧！"M 同学哽咽着说："老师，我妈已经去世了……"这句话如同晴天霹雳一样，震惊了办公室所有的老师，大家都愣住了。

A 老师看着这位泪流满面的同学，不知所措。原来 M 同学的母亲已

在一个月之前，因心脏病突发去世了。A 老师由于不了解 M 同学的情况，用最刺激的语言，深深伤害了 M 同学。虽然，A 老师并不是有意要伤害学生，但 A 老师的教育行为已然引起了非常不好的后果。一个成年人，一个在学生心目中应是最疼爱自己的教师，却在无意之中伤害了一个失去母亲的学生。究其犯错的原因，就是这位教师不了解学生的家庭背景，与学生缺乏情感沟通的基础。每一位任课教师，都应该在接一个班之前，充分了解学生的家庭情况，不同家庭的孩子会有不同的习惯、不同的情况和不同的个性。

北京师范大学附属中学有位数学教师张岩。她一直工作到 60 岁才退休(女教师应当 55 岁退休)。她的每一届学生都特别喜欢她，其原因之一，就是她确实对她所教的学生都特别了解。每接一个新班，她都要认真走访学生家长，对每个学生的家庭情况都十分了解，和学生的沟通不仅顺畅而且有效。

有个学生 N，上课经常打瞌睡，张老师没有直接找这个学生，而是瞒着学生去联系了他的父母。因为张老师知道，他家的居住条件不太好，父亲每天上班时间是下午一点到晚上八点，回家后就打开电视，一直到深夜，电视声音还特别大，吵得 N 不但不能好好学习，还睡不好觉。张老师与其父亲进行了几次沟通，说明孩子在家学习、休息都需要家长的支持。N 同学的父母很感动。为了孩子在家有一个好的学习环境，N 同学的父亲改掉了晚上一直看电视的习惯。N 同学休息好了，上课的精神自然也就好了。初三毕业时，N 同学考得特别好，回家在向父母报喜时，他父母才告诉他，张老师曾经几次和他们联系的事。N 同学听后非常感动。张老师虽然没有和 N 同学直接交谈，但张老师用她对学生家庭情况的了解作为基础，针对 N 同学出现的问题，和 N 同学做了无形的情感交流。

2. 学生的文化背景

要了解学生的文化背景，也就是要知道学生平时的喜好。例如，学生平时爱看什么书？喜欢和什么样的同学交朋友？对什么最感兴趣？这往往是师生进行情感交流的一个重要的切入点。中学生是最容易感情用事的，如 B 同学出了问题，有时问题的根结不在 B 同学，而是他的好朋友 C 同学。如果教师找不到出问题的根源，自然就解决不了问题。

有一个 W 同学喜欢流行歌曲，收集了许多歌手的照片，并汇集成册，对其爱不释手。只要一有空，他便拿出来看看。这本是人之常情，更何况是一个懵懂少年呢。有一次上语文课，快下课时老师让同学们自己看看书。他在看书的时候，偷偷地把他珍藏的小相册拿出来看了几眼，被老师看到了，并没收了他的相册。W 同学下课后找到语文老师，承认上课看相册不对，求老师返还相册，保证以后上课时不再看了。可是这位语文老师就是不还给他相册，理由是不仅他上课看相册不对，而且这本相册本身也不健康，说这是影视明星相册不适合学生看，不利于学生健康成长。W 同学回到教室向同学诉苦。老师的做法不仅激怒了 W 同学，同时也激怒了班上的其他学生。20 多名学生闯进老师办公室，和语文老师理论了起来。同学们说："这些明星都是电视上经常出现的人，哪个不健康？怎么妨碍我们成长了？把演艺明星的照片汇集成相册有什么错误？"最后还是学生处的干部出面，调解了这件事。这位语文老师错就错在他不懂得学生是时代的学生，学生的爱好有极强的时代感。其实这个问题可以这样解决：尊重学生的合理爱好，只要说明什么时间看这个相册就可以了。

教师不了解学生的文化背景，不了解学生的爱好具有强烈的时代感，就常常会在教育行为上做出不恰当的判断，或许还会失去教育本身的意义，甚至会对学生的身心造成负面影响。

3. 学生的知识背景

教师必须清楚地了解每一个学生的知识背景，也就是学生们的知识储备情况，以及对知识的渴求程度。在讲授某一个知识内容时，教师必须明确学生对该知识内容的原有知识的储备情况，这样讲课才能有针对性。有些知识学生本来都已经知道，教师在讲课的时候就要在学生原有知识的认知基础上，让学生自己去体会和自然延伸到新知识。有些知识学生从来没有接触过，那么教师就要想办法为学生创设接受新知识的情境，引起学生对新知识的兴趣，自然而然地引出新知识，把它讲明、讲

透。教师什么时候细讲,什么时候略讲,是以学生的原有知识储备为依据的。

例如,在高一数学讲函数时,教师就必须知道学生在初中时已经能用基础的数学语言描述函数的概念,特别是对正比例函数、一元一次函数、一元二次函数是比较熟悉的。学生们上了高中后,就是要进一步认识函数,不是学新知识,更不是复习,而是进一步加深对函数的认识,特别是要用数学符号语言来抽象描述函数的概念。教师了解了学生学习函数的知识背景,那么在教授函数时,就要用最通俗易懂的语言和方法,让学生由初中只用语言来描述函数概念,自然过渡到用数学符号来准确描述函数的概念。在这里教师就要多用学生已经很熟悉的一元一次函数、一元二次函数作为例子,使抽象的函数符号 $f(x)$ 有具体的实例做支撑,便于学生理解和掌握。然而有的高一数学老师,将学生熟悉的一元一次函数、一元二次函数当作新课,大讲特讲,而对抽象数学符号 $y=f(x)$ 则轻描淡写。学生一是不爱听,二是听不明白老师到底要讲什么。所以常常出现高一学生在学习函数时会有"一头雾水"的情况。

教师与学生相融合,主动权在教师。这种融合主要是感情上的融合,精神上的融合,这种融合必须是积极向上的,富有时代感的融合,而不是如个别老师为了讨好学生,一味迁就学生,甚至把师生关系庸俗化。

(二)教学是教师、知识、学生融合的过程

教师教育行为的主要形式是课堂教学。学生是带着许多对大自然、对世界、对人生感兴趣的问题、疑惑和好奇心走进教室的。学生总是期盼着老师的出现会为他们解答这些问题。他们渴望了解、学习和掌握新知识,在学生的心目中,教师就是知识的化身。因此,教师如何顺应学生的心理需要,让学生喜欢接受、消化和吸收所讲授的知识就成了课堂教学的核心。教师是按国家统一颁发的课程标准和教材为依据讲课的。教材所呈现的知识都是以"纯知识形态"出现的,这种"纯知识形态"的知识不易于学生接受,于是教师就要根据学生的兴趣、爱好和认知的特点,把这些"纯知识形态"的知识,转化为易于认识、学习、体会、理解、掌

握的"教育形态的知识"，即教师要把这些"纯知识形态"的知识，内化为自己的，能用学生最喜欢接受的形式和语言来表述，既不失原有知识的科学性、准确性等特点，又能用个人独特的视角、精练的语言和科学的方法把知识呈现出来。这种呈现要能有效地和学生的心理渴望和认知水平恰好对接上。这就如同上、下两条水管中间的一个恰当的接扣，把两条水管对接起来，让知识在水管中畅通无阻。也就是说，教师首先要和所讲授的知识融合为一个整体，通过科学的教学过程，再达到知识与学生融合为一个整体的效果。

（三）教学是学生接受教师，也是接受知识的过程

在基础教育阶段，学生由于年龄的缘故，一般都是先接受授课的教师，然后接受这个教师所讲授的知识。如果学生连这个教师都不能接受，那他怎么愿意上这个教师的课呢？当然更谈不上接受这个教师所讲授的知识了。但反过来，如果教师很受学生的欢迎，学生都盼着上这位教师的课，那么这位教师所讲授的知识就自然容易被学生接受，所谓"亲其师，近其道"就是这个道理。每个学校都有受学生欢迎的教师，也有不受学生欢迎的教师，这些不受学生欢迎的教师就需要自我反省一下了。

（四）教学是学生认识教师的过程

在教师第一次走进教室之前，学生对他是陌生的。学生对教师的评价或许仅仅是从高年级同学那里听来的"只言片语"。完全不像学生和自己的父母那样从小就生活在一起，相互了解和亲密关系是自然而然由时间的陪伴而形成的。教师则是在上学之后的某个阶段忽然出现的。应该说学生在见到教师之前，都有一个朦胧的对教师的期望。一般来说，学生们喜欢有儒雅气质、能尊重学生的教师。当然，这都是学生对教师的抽象的想象。学生要通过和教师的亲密相处，才能逐渐了解和认识这位教师，才能决定至少从感情上是否接受这位教师。而学生的这种情感是会相互传递的，在一个班级内很容易形成对教师的统一认识。当然，这种认识会随着与教师相处时间的延伸而发生一些变化。就其实质来说，

整个教学过程不但是教师了解、认识学生的过程，更是学生了解、认识教师的过程。学生对教师的了解不仅限于课堂上，还会一直延伸到课外，学生会把教师生活中的许多新闻趣事，按他们心目中的标准来收集、评议，甚至放大。如果学生不喜欢这位教师，就将这些信息往不好的方面放大，于是就会形成某某老师的"传说"，这种传说会一届届地传下去，这种"学生舆论"的神力，会严重影响教师的声誉，影响他的教学行为和效果。每一位教师，特别是新教师，需要特别注意这一点。从你第一次走进教室的那一瞬间，学生就开始了对你的考查：教学态度、教学水平、语言语气，甚至是衣着打扮。因此，每位教师都要特别注意每个"新"的开始，也就是我们常说的"先入为主"。教师有一个好的开始，让学生再慢慢地从你的教学过程中愉快地认识你、了解你和接受你。学生接受了教师，自然会向教师学习知识并提高自己。

以上所说的四个过程，显然是绞在一起的，是相互依存、相互支撑，同时进行的。

四、 在学习中思考， 在思考中学习

在课堂教学活动中，学生应是自觉积极参加学习活动的主体，教师必须根据学生的年龄特点、心理特征与其对知识的接受水平，创新符合并适应学生的学习环境，创建出让学生积极、兴奋的思维活跃的多彩的课堂。

课堂应当是丰富多彩的。课堂教学的主线、课堂教学的主要目的，需要有多种适合学生的形式来辅助。多彩的课堂氛围，才能激发师生对共同创建良好的教育环境的欲望，才能有效激发学生的学习兴趣和创新欲望，才能挖掘学生的创新潜能，才能培养学生的创新意识。

学生的思维活动一般从对新事物的"好奇"开始的，学生在勤于思考之中，才能靠自己的努力去发现和研究出某些问题的科学合理的解读，甚至得出结论。

在课堂上，学生的好奇心是与他的自尊心与创造性紧密相连的。教师尊重学生，学生的自尊心能感受到保护，是让学生产生自信、活跃思

维的基础。因此，良好的师生关系与和谐愉快的课堂氛围是学生敢于参与教学活动的前提。

学生的思维活动一般是从"好奇"开始的，而"好奇"的具体表现就是发现"问题"。"问题"具有情感上的吸引力，教师的问题提得得当，自然就会引发学生的"好奇心"，进而使学生产生学习兴趣，形成寻求问题答案的"心理追求"。这个"心理追求"就会促使学生的思维活跃起来，会对"得到问题的答案"产生各种各样的思考和丰富的想象力，萌发属于学生个人的、对问题的创新思维。其实学生的创新思维很简单，就是根据他们个人已有的知识和经验，从他个人的独特的视角、不同的侧面去观察和审视同一个问题。

因此，教师一定要努力创设积极、有趣、符合学生心理特点的"问题"，想方设法让学生进入情绪高昂的自我内心活动状态中。教师再创设具有启发性的积极的外界刺激，引导学生积极思维，激发学生对所提的问题有弄懂、学会的欲望，让学生的情绪积极亢奋起来。教师在教学中还要有意设置一定的"悬念"，创造一些特殊的、有趣味的情境，继续诱发学生的"好奇心"和"探究"的欲望。这种"好奇心"和"探究"欲望，就会自然而然地转化为一种强烈的求知欲，进而促使学生把注意力转移到新知识的学习上。总之，若学生没有积极欢快的学习心情，他们就会觉得学习索然无趣，学习就会成为学生的沉重负担，当然这是所有师生都不愿意看到的。

然而如何才能让学生产生"积极欢快"的学习心情呢？这就需要教师对教育事业的无私与热爱。然而只有这种纯朴的感情还是远远不够的，这种"感性的热爱"必须与"理性的教育行为"相互支撑才行。当然，教师也需要有来自学生对自己教育行为的认可和欢迎，这样才能支撑教师的自尊心和加强教师的自信心。要做到这些，教师就必须对自己所教学科的内涵有较深刻的理解，并把它根植于自己的教学过程之中。

从知识的角度来看，学生获得知识的过程，往往是依据他本人的生活经验，在教师的引导下融合已有知识，构建新知识的过程。因此，在教学过程中，教师必须充分利用学生的生活经验和已有的知识，从而有

助于学生更好地接受、理解和掌握新的知识。

从方法论的角度来看，教师在具体问题情境中发现相关的学科知识，主要是通过"归纳"的思想方法达到的，然而将问题转化为学科问题，实现从具体到抽象、从特殊到一般的升华；再将抽象出来的学科知识，在现实生活中具体化，从而实现学科知识向生活的回归，实现对新知识理解的飞跃。在这个过程中，主要是化抽象为具体，从一般到特殊的思维过程，这表现出思维的诠释性质，也就是"演绎"的思维方法。

一个完整的认识过程，应该是由具体到抽象，再由抽象到具体，归纳思维和演绎思维相互交错，相互作用，相互补充完成的。

所以，在课堂学习过程中，学生是在不断自我升华"思维品质"的。

五、 学思课堂的提出与逐步完善

"应试教育"很久以来就是一个饱受国内外诟病的现象，又称之为"填鸭式教育模式"，它忽略了学习主体的学生的个性，教师把知识作为商品强卖给学生，不顾及学生对这些知识的接受过程，尤其不顾及学生在接受知识时的思维过程。更有甚者，个别片面追求升学率的学校，已如同一个制造高分学生的工厂，校长是"高分流水线"的设计者，教师是"高分流水线"的实际操作者，而学生，则成了"高分流水线"上的产品。学生除了获得考试高分外，失去了个性的思维品质与能力，更谈不上丰富的想象力和创新能力，显然，这与教育要立德树人的理念背道而驰。

与之相对应的启发式教育，尊重学生的个性品质，因材施教，注重解放学生的思想，在学生学习知识的过程中，养成学生独立思维能力，激发学生丰富的想象力和培养其创造力。

从教育模式上来说，填鸭式教育其实就是灌输式教育，就是只告诉"是什么"，而不告诉"为什么"。启发式教育，则是从学生的实际情况出发，采用多种方式，以启发学生的思维为核心，调动孩子的主动性和积极性，使他们主动活泼地学习。

其实，以人为本的启发式教育并不是国外的特产，早在中国古代，**孔子就说过："不愤不启，不悱不发。"**意思就是说，教师在教学前务必先让学生认真思考，学生已经思考相当长的时间但还想不通的，教师可以去启发他。学生经过思考，并已经有所领会，教师就可以去开导他了。这不就是中国"启发式教育"的最早萌芽么？

孔子说过："学而不思则罔，思而不学则殆。"这句话是孔子所提倡的一种读书及学习方法，指的是学生一味读书而不思考，就会因为不能深刻理解学习的意义而不能合理有效地利用书本的知识，甚至会陷入迷茫。而如果学生一味空想而不去进行实实在在的学习和钻研，则终究是沙上建塔，一无所得。**这句话告诫我们只有把学习和思考结合起来，才能学到切实有用的知识，否则就会收效甚微。这些，都是中华民族教育的精华。**

几乎与孔子同时期的古希腊思想家苏格拉底也用"问答法"来启发学生的独立思考以探求真理。

从教育目的上来看，孔子与苏格拉底都注重启发学生思考，反对灌输教育；都希望学生在引导下，自主地推理出答案。从教育的方式上来看，他们都是采用了互动的交谈模式，都在交谈的过程中帮助学生思考。从教育内容上来看，他们都集中于伦理内容，如果师生没有形成正确的人生观、价值观和世界观，那么其他教育也就无从谈起了。从启发方式上来看，苏格拉底是单纯的提问，用一系列的提问使对方无言以对从而推导出结论；而孔子则是点到即止，让学生通过学与思，得出结论。

因此，尊重学生的"启发式教学"方法也是中华传统文化的瑰宝。我们应当发扬中华传统文化的精华，让孔子的**"不愤不启，不悱不发""学而不思则罔，思而不学则殆"**等教育思想在新时代发扬光大。

其实，**"学而不思则罔，思而不学则殆"**给出了学习与思考的哲学关系，也给课堂教学提供了有益的理论支持。我把"学""思"这两个字结合在一起，便形成了学思课堂。

第二章 学思课堂的教育理念

第一节 学思课堂的实质

一、 课堂教学是立德树人的主渠道

课堂教学的目的是促进学生的发展，这种发展不仅指知识与能力方面的发展，更指学生内心的日渐强大。教师应让所有学生学会思维，特别是批判性思维。面对时代对人才的全新要求，学校要让所有学生看到因个体差异而形成的自我努力的方向，让学生朝气蓬勃地迎接未来的世界。

让学生学会如何想问题，特别是有质疑的胆量和能力，对自己充满自信，充满对成功的渴望和对未来的希望，是课堂教学的重要目的之一。

如果学校培养的学生只会考试而不会主动想问题，更不敢提出问题和质疑问题，看不到个人努力的方向和可以实现的前景，那么他们的未来就是一个未知数了。在实际工作中我发现，很多学生缺乏自我思维能力，尤其缺乏批判思维能力。即使所有学生考上国内知名高校，由于他们缺乏自我思维能力，尤其缺失批判思维能力和创新能力，看不清自我，更看不清社会的需求，找不到适合自己努力的方向，他们也就缺失了理想和前进的动力，也不会有更好的发展。

一个学生在毕业之后，在以后生活中能否适应社会的变化，不是取决于其在学校学到了多少科学文化知识，而是取决于其在学校的学习中能否不断学到科学思维，能否不断充实自我，充满对成功的渴望和对未

来的希望。

所以学校必须为每个学生创造一个环境，让学生的各种各样的美好想法都有自由竞放的空间，也就是思维的空间，引导学生学会思维，找到适合每个学生发展的努力方向和可以预见的希望与理想。

正是在这样的背景下，北京师范大学基础教育平台从 2010 年春季开始至今，提出并实践了旨在提高学生思维品质的学思课堂。

我们的学思课堂正在努力创建这样的学习空间，让学生能在学校的生活中，在教师的引导下，脑子动起来，内心日渐强大起来，主动想问题，学会科学思维，看到自己应该努力的方向和可以实现的愿景。**我们所努力推广并认真实践的学思课堂，就是要让学生在学习过程中找到自我，会思考，会想问题，形成独立思考的思维习惯和正确的价值观，让所有学生看到努力的方向和可以实现的愿景。通过课堂学习，学生们能快乐成长，学会思考。**

钱学森之问：为什么我们的学校总是培养不出杰出人才？通过读书、上学、教学的经历，我认为杰出人才很可能是在一种有利于学生成长的环境中"冒"出来的。所以，创造学思结合的成长环境是十分重要的。

在我们现实生活中，不但钱学森之问没有很好的答案，而且出现了如下问题：个别学生因为缺少对生命的认知，一遇到挫折就产生轻生的念头；个别学生因为没有梦想，一直找不到适合自己发展的出路；个别学生无法与别人沟通与合作，终生生活在自己的孤独环境中；等等。那么，即使这些学生门门功课考试成绩第一，没有学思结合的习惯、不能独立思考、没有正确的价值取向，又能怎么样呢？

近年来，有一些教育工作者提出很多教育"新概念"，试图用一种万能的教育模式，统一基础教育的课堂教学，用很多不太符合学生实际情况的办法，力争使学生在高考中考出好成绩，揠苗助长、题海战术、玩弄概念等，层出不穷。

实事上没有任何一种教学模式是可以完全包办所有课堂教学的。正确的课堂教学源于教育的本质并尊重人的发展。这恰恰就是学科素养与立德树人的完美融合。

二、 学思课堂及其四个关键词

（一）学思课堂

"学思结合"是我国教育先贤、大教育家孔子提出的一种优秀的哲学思想，把这种优秀的哲学思想运用到课堂中，就是学思课堂。学思课堂是培养学生思维能力的课堂，更是学生由于在学思课堂中获得学习的成功感而快乐的课堂，也是教师把自己的人格魅力与学识风范对学生的辐射效应发挥到极致的课堂。**因此学思课堂是教学的返璞归真。** 学思课堂把高尚的人文性情怀通过学科思想深入根植于学生的精神之中，通过课堂教学唤醒学生内在的对变化世界的好奇心，引发其对知识的向往与追求，从而能出于自己的个性基础，力所能及地学习科学文化知识，在学习中陶冶情操，养成独立的思维习惯，逐渐找到适合自己的努力方向并形成自己的追求与理想。

我们所谈的人文性，其实就是一个人植根于内心的素养。以承认社会道德约束以及社会默认公正规则及意识形态为前提的自由，是一种能处处设身处地为别人着想的大爱和善良。也就是在我们日常的生活中，在人和人的关系中不需要别人提醒，就能自觉地从"大爱和善良"出发，检点自己的行为，遵纪守法、恪守做人的本分，尽可能地先人后己，并能自尊、自爱、自强。

我们正在明白，决定学生一生的，不是学习成绩而是健全的人格修养。所以，我们正在做的学思课堂就是为达到这个目标和期望。

特别是对基础教育阶段的学生，由于生理因素，在课堂教学中，情感因素往往要先于知识目的，学思课堂所谈及的"用有效情境包裹核心问题"，就是对课堂上要讲的科学知识，要包裹一层浓浓的适合学生可接受能力的"人文"情怀，让学生感到亲切，引发学生的好奇心与学习兴趣，让学生的脑子动起来，产生想问题的欲望，逐渐形成有个性品质的思维能力。在这个学习过程中，由于学生品尝到了思维的成果，所以学思课堂的学习会让学生越来越快乐！

因此学思课堂是"学科素养"与"人文素养"不可分割的统一体，是相互支撑、相互融合的整体。

当代及历史上的众多伟大人物，已经证明了必须集"人文"与"科学"于一体，才会在社会的发展中有所作为。

学思课堂作为一项教学策略，旨在引导教师吃透课程标准、活用教材、尊重学生，把课堂教学内容问题化、情境生活化。在课堂教学中，教师要厘清核心问题，巧设情境包裹，强化学思结合，注重思维质量，从而打造有思维深度和思维过程的学与思巧妙结合的课堂。

通过课堂教学，教师旨在唤醒学生内在的对世界的好奇心，引发其对知识的追求，从而能根据自己的个性基础，力所能及的学习科学文化知识，在学习中陶冶情操，养成独立的思维习题，逐渐找到适合自己的努力方向并形成自己的追求与理想。达到"立德树人"的目的。

（二）学思课堂的四个关键词

学思课堂的四个关键词：核心问题、情境包裹、思维品质、人格养成。

1. 核心问题

问题是课堂教学的心脏，核心问题好似是主动脉。核心问题是能贯穿整堂课的中心问题或中心任务。其他问题都是由核心问题派生出来并有逻辑关系的问题。核心问题突出体现了与课程标准相关的重点内容和关键内容，体现了教师的专业素养。

教师的专业素养是指对所教学科有较雄厚的认知基础，并且要有较广博的知识面。教师既有本专业的知识链条，又有网状的知识结构面，才能对课堂教学的核心问题不仅精准提出，直捣学生心灵，而且知道如何做符合学生的认知水平，从而激发学生的学习兴趣，对学生的知识结构起到承上启下的作用。核心问题也就是这堂课中"牵一发而动全身"的问题，即践行学科课程标准的要求，找准并提炼教学材料中达成教学目标的重点、关键内容，融合并推进学生学习活动的展开。贯穿整堂课的客观问题或主导任务，是教与学的主线，是学生思维活动的聚焦点，对

教学环节有统领性、涵盖性和辐射性的作用。

2. 情境包裹

情境包裹体现了教师的人文素养，即以人为本。

情境包裹是在确立核心问题之后，以学生为本，对所要讲述的知识的人文呈现。这体现了教师的人文素养。

情即情感、激情；境即意境、氛围。情境，即教师根据教学所需，创造的具有人文情境的一种意境，一种氛围，引导学生在这种意境、氛围中涌起情感波澜，处于"愤""悱"的状态，激发学生的学习动机和求知欲望，让学生"入情入境"地真实地去探索问题，解决问题。

情境要立足学科素养，映衬核心问题，契合学生年龄和身心特点，思维特点，抓住学生的兴奋点、兴趣点、敏感点，呈现教师个人的学术视野和专业特长，充分利用并整合区域特色资源，紧跟学科发展，要有强烈的时代感。

情境可以是生活中的，也可以是从本学科专业知识中建构的。

学思课堂要用情境包裹核心问题，凸显教师以学生为本的专业素养和人文素养的结合。

3. 思维品质

思维品质是核心素养的核心。通过课堂教学，教师要尽量把自己是怎样想问题和解决问题的思维过程呈现给学生，并通过问题导学、导思、导练，为学生搭建思维平台，引导学生进入高阶思维，逐渐使学生养成科学思维品质，对事物的认识，由必然王国进入自由王国。

思维品质的实质是人的思维的个性特征。思维品质反映了个体智力或思维水平的差异，主要包括系统性(广阔性)、深刻性、独立性(批判性)、逻辑性、敏捷性(灵活性)、创造性等方面。

第一，思维的系统性(广阔性)：全面、客观、发展地看问题。

第二，思维的深刻性：透过现象看本质，善于抓住问题的关键，知其然又知其所以然，知其一又知其二三四乃至无穷，深思熟虑，目光犀利深刻且长远。

第三，思维的独立性(批判性)：善于独立思考，不轻信、不盲从，不人云亦云，善于质疑，善于批判，富有开拓和创新精神。

第四，思维的逻辑性：思维符合逻辑规律，概念、判断、推理等思维过程符合形式逻辑的规律。

第五，思维的敏捷性(灵活性)：平时做任何事情都从多个角度，使用多种方法思考、执行，避免思维受条条框框的影响，不怕做不到，只怕想不到，并从所想到的办法中，快速地找出最合适的办法。任何事情都没有绝对正确的，只有最合适的。

第六，思维的创造性：这种思维品质是在前几种思维基础上的飞跃，也是最重要的一个品质。它包括想象、深入、批判等几类思维。

课堂教学的主要任务是提高学生的思维品质，即思考问题的全面性、深入性和思辨性等。

思维方式包括了抽象与概括、归纳与演绎、因果与递推、联想与想象、直觉与灵感、正向与逆向等。

思维特性包括准确与深刻、灵活与敏捷、逻辑与预见、批判与创造等。

逻辑思维最重要，逻辑思维包括逻辑推理与逻辑载体。逻辑推理一般是围绕本学科的定义，通过演绎、归纳和类比推理进行的，而逻辑思维的载体则是语文，包括说出来和写出来。

4. 人格养成

人格是指能代表个体精神面貌及个性特点的性格、气质、品德、信仰、良心以及由此形成的尊严、魅力等，是有一定倾向和稳定性的心理特征的总和。

朱小蔓教授指出：真正优秀的教师，能自然而然地在传授知识的同时，让孩子听到知识背后道德的声音。

不断健全学生的人格，是课堂教学的最终目的。

而学生人格的成长，是通过教师的人格魅力与学识风范对学生产生潜移默化的影响达成的。**因此，教育实际上，是用教师的人格魅力与学识风范对学生进行影响的过程，也就是"立德树人"的过程。**

三、 学生发展核心素养与学思课堂

学生发展核心素养，主要指学生应具备的，能够适应终身发展和社会发展所需要的必备品格和关键能力。

（一）国家课程标准的宗旨

以"核心素养，立德树人"立意的新课程标准是国家课程的基本纲领性文件，是国家对基础教育课程的基本规范和质量要求，是教材编写、教学、评估和考试命题的依据，是国家管理和评价课程的基础。

国家课程标准的功能是体现国家对不同阶段的学生在知识与技能，过程与方法，情感、态度与价值观等方面的基本要求，规定各门课程的性质、目标、内容框架，提出教学和评价建议。

（二）学科核心素养

学科核心素养是学科育人价值的集中体现，是学生通过学科学习而逐渐形成的正确的价值观念、必备品格和关键能力。

比如，数学学科的核心素养是学生通过对数学的学习而逐步形成的具有数学特征的关键能力、必备品格与价值观念。

数学学科核心素养还包括数学抽象、逻辑推理、数学建模、直观想象、数学运算、数据分析。这一素养表现在学生会用数学的眼光观察世界，会用数学的思维思考世界，会用数学的语言表达世界。

这与学思课堂的要求、内涵与目的如出一辙。所以，可以看出学思课堂是让学科核心素养在课堂教学中落地的最佳途径。

四、 学思课堂落实的"八个转"

（一）教师围着学生活动转

教师围着学生活动转，即教师的一切教学活动都要以学生的健康成长为主。

学生的思维活动，是在教师设定的教学活动中展开的。因此，教师必须以学生为本，根据学生的情感需求和认知水平，设定"情境包裹核心问题"的教学活动。学生在教学活动中，思维品质提高了，自然达到了教学目的。这个教学活动是为学生提高思维品质服务的，因此，也就是教师围着学生活动转，即一切教学活动都是为了学生的成长。

（二）问题围着教学目标转

问题是教学的心脏，即教师所提出的问题必须围着教学目标转。

教师只有明确教学目标才能提出有价值的"核心问题"，也就是说核心问题是具体指向教学目标的。因此，教师认真学习课程标准和吃透教材，是能提出核心问题的前提。

核心问题提不明确，启动学生思维的"心脏"就死了，一堂课就白上了。

（三）情境围着核心问题转

情境围着核心问题转，即要用适合学生心理需求的、以学生为本的情境包裹核心问题，帮助学生从心理上接受和理解核心问题。

创设有趣味的情境，是为顺利地引出核心问题服务的，这个情境必须合理、科学，而且富有生活情趣或符合学科知识本身的特点。不可"画蛇添足"，为"核心问题"起反作用。

（四）思维围着解决问题转

思维围着解决问题转，即要降低知识重心，加强思维能力。

问题是课堂教学的心脏，当然解决问题就是课堂教学的过程，自然也就是教师引导学生思维、提高学生"思维品质"的过程，这个过程要朴实无华，当然教师可以激情飞扬，但其教学必须脚踏实地。整个过程要深入浅出，有理有据，逻辑性强，让学生在解决问题的过程中提高思维品质。

（五）检查围着应用落实转

检查围着应用落实转，即要通过检查，让学生有进步。

课堂教学的落实，是教师的义务，更是教师的境界。而落实的主要渠道之一便是检查，包括检查作业、提问、考试等。在做这些检查之前，教师的脑子里必须有全班学生，即十分清楚每个学生的薄弱环节和强项，做到检查有的放矢，让认知程度不同的学生，都能看到自己的进步和不足。特别对于成绩不太好的学生，一定要有符合他进步的习题，在教师检查中让他感受到进步，用成功作为动力促进他不断前进。

（六）覆盖围着学生错题转

覆盖围着学生错题转，即要加强学生对知识的记忆、理解和落实。

学生对知识的理解和记忆，不可能一步到位，有一个反复认知的过程。覆盖式练习，是一种落实的策略，符合认知规律。

覆盖式训练因班级实际水平而异，但在练习和考试中，"以新知识带旧知识"这个原则是不变的。每次练习或考试，新学的知识与原来学习的、必须掌握的旧知识的比例可以是 7∶3，也可以是 4∶6，视实际情况而定。有重要概念性、又极易错的问题可以多覆盖几次。

覆盖式练习，是使学生对必须掌握的知识，从认识到理解再到熟练掌握的必备过程。

（七）教学围着核心素养转

教学围着核心素养转，即教学要为学生终身发展奠基。

立德树人是教育的最终目标，学生发展的核心素养是立德树人的有力保证。教师应该认真把本学科的学科思想与学科的核心素养联系起来，并在课堂教学中实践，让核心素养在课堂教学中落地，为学生终身发展奠基。

（八）学生围着学思结合转

学生围着学思结合转，即让学生养成终身受用的思想和习惯。

学思结合是学习、工作，甚至处理生活事务的有效哲学工具。学生掌握了学思结合，将对其一生的积极发展极其有益。

上文的"八个转"，是对学思课堂的具体操作，当然，一堂课不可能"八个转"全部实现，但起码要有几个转，教师主动转起来，最大限度地调动学生的内在学习动力，引发学生的好奇心和学习兴趣，让学生在教师引导下脑子动起来，成为课堂的主人，勇于探索、积极思维、主动成长，从而实现核心素养对学生的要求。

五、 学思课堂的思维导图

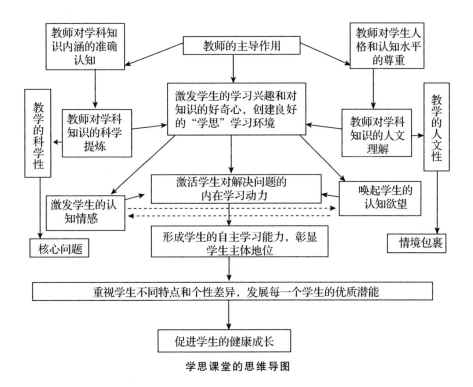

学思课堂的思维导图

六、 学思课堂对教师的要求

学思课堂对教师的要求，除了上面提到的关于专业素养与人文素养之外，还必须具备以下品质。

（一）上课要有激情和童心

教师有了激情才能带动学生与你互动，同时激情可以调动学生的热情，激活课堂，提高教学和学习的效率，使学生对教师所教学科产生浓厚兴趣。教师只有走下讲台，到学生中去，以一颗童心和学生相融，了解他们的内心世界，做学生的朋友，学生才会在快乐中学习，在快乐中成长。

（二）上课要百家争鸣，实践简约课堂

在课堂上要警惕教师的隐性霸权，杜绝教师"一言堂"。课堂教学要形成师生互动，生生互动，平等和谐，共同探讨的氛围。

简约课堂必将是教师提升教学境界的追求，也是学生认知、学习的最有效的方法之一。课堂教学的简约有三级水平：一是课堂教学内容的简约；二是课堂教学基本方法的简约；三是课堂教学过程细节的简约。这就要求教育者优化教学的内容，力求达到科学性与艺术性的高度统一。

（三）上课要精炼语言

课堂上，教师要给学生创造优美的语言情境。严谨的语言使人可信，幽默的语言使人愉快，激昂的语言使人振奋，形象的语言使人清晰。一名教师在课堂中恰当合理地使用语言，显得尤为重要，语言是知识与思维的纽带与桥梁，是师生、生生之间共同交流对话的主要工具，更是逻辑思维的载体。

（四）上课要阳光

教师积极、阳光的外部表现能使学生心情愉悦，从而使学生愉快地投入学习，而这种愉悦又是可以相互传递的，课堂内会形成一个良性循环。教师的阳光，可以活跃课堂气氛，调节情绪，愉悦精神。教师的阳光，可以和谐师生关系，增强教师魅力。教师的阳光，可以激发学生的学习兴趣和求知欲。教师教学的阳光则是老师思想气质、才学、视野和

灵感的结晶。

（五）教师要建设有自己个性的课堂文化

课堂文化是教师在比较长的教学实践中形成的一种课堂教学气息，一种课堂气质。课堂文化体现着教师教学的思想内核，它包括教师进行教学活动的根本理念、价值诉求，展开教学活动的基本方式，教学的思维倾向，以及维系师生交往活动的人际氛围和精神状况，还包括教师对学生、对知识、对教学、对目标等问题的独到的理解，决定着课堂教学的根本理念、思想意识，乃至教学的目标深度。有名望的教师之所以成名，是因为其有独特的教学风格，有独特的课堂文化。

七、　学思课堂是教育的返璞归真

学思课堂的重要意义在于不忘教育的初心、尊重教育规律，让有教无类、因材施教、学思结合等更富有时代价值。因此这里特别强调了以人为本、尊重生命、提高思维品质、立德树人的用情境包裹核心问题。特别是学思课堂对教师的要求和操作层面上的"八个转"，更切合时代对基础教育的要求与人民群众对基础教育的渴望。所以说学思课堂是教育的返璞归真。要实现学思课堂，教师必须首先抛弃背离教育规律、忘了教育初心的陋习。否则很难进入学思课堂。

遗憾的是，由于行为惯性不良与教育懒惰等原因，在大声呼吁教育要以人为本的现在，依然有相当多的基础教育工作者，还在运用以课本知识为本，忽略学生感受的教育习俗。

目前比较普遍的现象是：小学生的学习已经"转嫁"给了家长；中学生上各类补习班成了常态；教师上课先发一张所谓的"学案"，把教师对本堂课知识的理解，"有条有理"地写出来让学生按教师的想法去想，这种做法剥夺了学生的思维空间。因此，不忘教育初心，让教育返璞归真，教师主动进入学思课堂是基础教育迫在眉睫的大事。

八、 学思课堂与教育现代化

（一）学思课堂与时代同步

现在，从教育设施的改善到教育规模的扩大，从多媒体辅助教学到远程教育的开播等，教育水平已发展到一个新高度。教育改革创新正在注入"人机协同""共创分享"的新动力。以人工智能为代表的智能技术正蓬勃发展，时代前进的步伐正有力地带动着教育改革创新。智能时代人机协同、共创分享的理念将深入影响教育行业的方方面面，引发对现有课程体系、教学模式、教师角色等系统性变革。智能技术不应单纯地被视为一种工具，它还是推进教育变革的重要动力。人工智能也已经进入并参与了教育。然而，无论是信息技术、网络远程教育，还是人工智能，都是具有思维品质的人创造的，因此，人工智能越发达，学校立德树人的任务越重要，越需要学思课堂来支撑。

计算计也好，人工智能也好，都是由人控制的，都是人脑思维的延伸。而基础教育中的学生，是活生生的有血有肉有思想的人，他们更需要教师与他们进行真实的情感交流。教师在学生原有认知的基础上更进一步激发和发展他们的思维活力。而这一点，是任何高科技无法替代的。学生从内心需要得到教师的尊重和肯定。因此，无论信息技术、人工智能如何发达，都替代不了在基础教育中，教师帮助学生健康成长的工作。

（二）信息技术引入课堂数学

我们都非常清楚，世界已经进入了一个科学技术发展的时代，信息技术一词已成为当今人们最流行的词汇之一。电脑的普及和互联网的运用，已然延伸到我们生活的各个角落。信息技术对生活、工作的影响，不管个体是否接受，更不管个体是否喜欢，都已经成为无法回避的现实。因此，信息技术与教育教学相结合也就是顺理成章的事了。

我们基础教育面对的是最容易接受新鲜事物的青少年。网络对视觉和听觉两方面的新刺激，使得青少年成了网络社会的主体。虚拟世界已成为青少年的社会化的新环境。特别是中、小学生，他们的电脑使用技术往往让老师和家长感到吃惊。网络的便捷使青少年有机会在某些方面的知识领先于成年人，学生们要想知道什么事，他们只需在搜索引擎上打上几个相关的字，就会出现很多他们想要了解的内容，这大大激发了学生学习的好奇心和求知欲望。由于电脑、网络的出现，教师、家长与学生这两代人的代沟在加大，两代人在很多问题上出现了"数字鸿沟"。有些知识学生可以先从网络上获得，教师已经不再是知识的绝对领先者，学生在某些知识上可能会超过老师。

这样，网络时代自然引发了教育的革命，学生对教育有了新的渴望，学生急切地希望信息技术进入课堂，希望信息技术的优势能在学习过程中发挥出来。教育模式必须适应网络时代的新情况，教师对现今时代的教育要进行研究和创新。

然而信息技术进入课堂，并不是说传统的师生面对面的教育形式就不要了。我认为无论社会发展到科学技术多么先进的时代，人与人之间的直截了当的情感沟通还是非常重要的。特别是青少年，他们更需要情感上的直接沟通，传统的面对面的教育形式永远是基础教育的主要形式，这样才能有效地体现人文精神与科学知识的有效结合。

我认为，电脑是人脑的延伸，电脑是由人来使用和控制的，并不是所有的课堂教学都需要电脑帮忙。只是电脑在知识的动态演示上，特别是在人脑很难想象到的抽象动态知识的讲解上，有着强大的优势。网络在自主学习以及搜索相关资料时显得很有优势。

我在讲数列极限时，曾让同学们搜索相关知识，同学们很快搜索到了"刘徽割圆"，并自己动手做了电脑课件。尽管课件的制作及画面简单，但由于画面很美并有符合规律的动感，包含了深邃哲理，极大地丰富了同学们的想象力，让同学们很好地理解了"数列极限"这个抽象问题。如此，不仅弘扬了我国优秀传统文化，而且加强了学生理解抽象数学概念的能力。

同学们在互联网上搜索到了相关知识，按自己的认识和理解制作了PPT，下面是其中一个学习小组的同学制作的PPT。

> **刘徽的割圆术可以归纳为：**
>
> 　　他从定圆内接正 6 边形面积开始，依次用内接正 12 边形、内接正 24 边形、内接正 48 边形、内接正 96 边形……一直到内接正 192 边形的面积来一次次逼近定圆的面积。

图 2-2　同学制作的 PPT 内容

　　链接到"几何画板"，并用"几何画板"作图，作圆内接正多边形：正 6 边形、正 12 边形、正 24 边形……电脑不断出现相关多边形的面积。

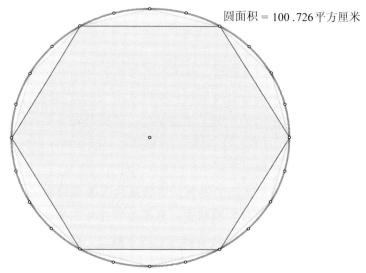

圆面积 = 100.726 平方厘米

正 6 边形面积 = 83.299 平方厘米　　　正 12 边形面积 = 96.186 平方厘米　　　正 24 边形面积 = 99.579 平方厘米

图 2-3　圆内正多边形

　　一名同学拖住动圆的圆心，让圆动起来，让学生观察在分割过程中面积的动态变化。在圆的动态变化中，学生们能深刻理解刘徽割圆的核心思想：

> 割之弥细，所失弥少；割之又割，以
> 至于不可割，则与圆周合体而无所失矣。

图 2-4 刘徽割圆的核心思想

最后同学们得出自己的观点。

> 刘徽割圆的内在数学含义
> ·如何用已知的知识去逼近要求的和
> 未知的知识。
> ·如何用有限去逼近无穷。

图 2-5 同学们得出的刘徽割圆的数学含义

　　由于我是教数学课的，电脑软件中的"几何画板"对数学教学有很大的帮助。1997 年我和青年教师王刚一起教高一年级。王刚老师耐心地教会了我使用这个软件，并在课余时间和我一起教会了学生使用"几何画板"。学生对学习这个软件表现出了极大的兴趣和天赋。学生们很快学会并熟练掌握了"几何画板"的各个功能。当时学生们提出我们应该用这个软件解决一点实际问题。于是，师生合作共同做了一堂用"几何画板"解决实际问题的课，并且学生们自发地从家里拿来录像机，录下了那堂课。录制的画面虽然不太清晰，但那是师生共同进行的教育创新活动，是学生真正的创新思维的自然实录。我们用这堂课的录像，参加了 1998 年在南宁召开的全国计算机辅助教学研讨会，得到了专家学者和参会者的高度评价。这堂课体现了学思课堂的精髓，即以人为本和提高学生的思维品质，同时锻炼了学生的动脑、动手能力。这件事虽然过去 20 多年了，但依然存在着学思课堂所要求的活力。那节发自师生内心、自觉自愿录制的学生使用"几何画板"解决实际问题的数学课，仍然有它很强的现实意义。课堂教学的创新，或者培养学生的创新能力，并不是一件多么困难的事。

（三）一点担忧

那节课距离现在已有 20 多年了，然而看看现在我们在课堂上使用信息技术的情况，真让人有一些担忧。

我在听课时发现，很多老师在课上使用的电脑，已经演变成了"电子黑板"，本来在黑板上应当有的板书，全变成了用"大屏幕"打出来的密密麻麻的文字。而真正的黑板上常常一点板书也没有。特别是语文课，我就看到一位有名的语文老师，上课时老是抱着电脑，他一上课就打开事先做好的 PPT，一篇一篇地翻，虽然课堂容量很大，可是他完全不想想学生是否接受得了。学生眼睛累且不说，PPT 的内容都是在学生眼前一晃，如同走马灯一样，学生什么也记不住，最后大脑一片空白，这还谈什么课堂教学效果，有的只是教师的表演而已。

有的老师只是为了加大课容量，大量使用电脑，全然不考虑学生的感受与课堂的实效性。这是不对的，违背了用电脑辅助教学的初衷。

计算机多媒体技术以其现代化的特点、科学化的手段、艺术化的形式应当在学科教学中发挥显著的优化作用，我们正在不断努力和不断探索，为培养学生做出更多的贡献。

但同时我们也反对以上所说的"电子黑板式"等的电化教育手段，课堂还必须保留亲密的人文交流，还必须有适当的板书，用来展示知识的发生过程和为学生树立科学严谨的学科研究形式。总之，先进的现代化信息教育手段，只是课堂教学的有力辅助手段，只能起到为课堂教学锦上添花的作用，不能本末倒置。

九、 学思课堂融入了艺术修养

（一）多彩的学思课堂

由于数学与多门学科有着千丝万缕的联系，因此让数学课堂丰富多彩不但是可能的，也是现实的。

从古希腊的毕达哥拉斯开始，人们就对数学与音乐的关系进行了大量的研究，他们认为，音乐与数学有密不可分的关系。他们曾做过这样的试验：让两条弦同时发音，他们发现，当弦长的比是两个较小的整数的比，如 1 : 2、2 : 3 等时，听起来音质就和谐悦耳，否则就不好听。最后希腊人发现了最和谐的音调是由比 1 : 2 : 3 : 4 确定的。正是基于这种认识，毕达哥拉斯学派制定出了音律。当然四大文明古国相继都发现了这个事实，中国还据此发明了最古老的乐器。1987 年 5 月 14 日在河南舞阳贾湖地区发现了有五孔的、六孔的、七孔的和八孔的骨笛，均是 8000 到 10000 年前的物品，把我国七色音阶的历史提到 8000 年前。从目前已有的文献看，我国对音律的研究和制定早于希腊。①

　　我记得在大学上"微分方程"时，老师就讲过，中国二胡的发音，从本质上说，就是有效改变二胡的弦长来达到和谐的，一只手拉二胡的弓子，另一只手按住二胡的弦，这样控制弦长，于是就发出了和谐的音乐。现在想来，其实其他弦乐器也一样。我们再想想常用的简谱，都是跳动的数字；再看看戏曲与舞蹈，演员在舞台上优美的举手投足，包含了多少美丽的几何图案，无处不与数学有关。

　　对我们来说，感性认识总是第一位的。也就是说，眼睛看到的，感觉到的是第一位的，如果能积极地引导学生把他们看到的、感觉到的进行科学有序的升华，升华为或者是数学的，或者是生物学的，或者是哲学的理性认识，对学生都是非常有益的。必须承认，我们每一个人，对同一事物的感觉和由感觉而产生的升华的方向，都是不一样的。但是有一点是肯定的，那就是，感性总是先于理性。我们常说的悟性，也就是指一个人对他所感觉的事物的理解、升华能力。升华的方向，都是在不断对现实事物观察的基础上，逐渐由量变到质变成长起来的。我们当老师的，就是要多为学生创造观察的机会，让学生在积极的引导下，完成思想升华的自然过程，快乐地成长。

　　为此，我曾经把我校的音乐老师李红，请进我的数学课堂，让学生在一边听著名小提琴协奏曲《梁山伯与祝英台》，一边听李老师分析讲解，

---

　　①　张顺燕编著：《数学的美与理》，北京，北京大学出版社，2004。

学生们在享受音乐的同时，静静地感受与思考，琴弦长短的变化，给我们带来美妙的乐曲和感情上的冲击！后来还请了国家芭蕾舞剧团的小提琴家王桂芝女士和一名演员进入数学课堂。她们合作，一边演出、一边讲解芭蕾舞的肢体语言所抒发的情感，如何内含了许多如角度等数学元素。两位艺术家还和学生互动，她们生动亲切的表演和讲解，很受学生欢迎，让学生们如醉如痴地在优美的艺术世界里，寻找数学的痕迹。

自那节课之后的很长一段时间里，学生们最爱说的一个话题就是"黄金分割(0.618)在艺术世界里的巧妙运用"。

北京师范大学盐城附属小学校长张淑娟老师，是资深小学特级教师，她发现小学一年级学生在学习汉语拼音时，很难记住汉语拼音中的"j、q、x"不能和"u"一起用，和"ü"一起用时"ü"不带点儿。于是张淑娟老师与音乐老师联手，创编了歌曲《调皮的 j、q、x》。

一年级小学生在欢乐的歌声中，克服了困难，学会了正确拼音。

课堂应该是多彩的，学生也渴望多彩的课堂。学生们渴望能透过 50平方米的教室空间，看到更多的、教室外面的、精彩的、古老与现代交织在一起的、五光十色的、充满想象的世界。在审视真、善、美，特别对美的审视与追求中，学生学习各种科学文化知识，以满足学生们的好奇心。教师要让他们在自我愉悦之中，开发对各种知识的兴趣，让学生把课堂学习当作一种对美的追求，一种对美的审视过程，一种对人生、对理想的追求和享受，从而激发学生的学习兴趣，让他们在自然快乐中健康的成长。

我一向认为素质教育就是科学教育与人文艺术教育相结合的教育。在理科教学中，教师一定要有人文艺术修养做支撑，这样的理科教学才会更能打动学生的心，会收到事半功倍的效果，文科教学一定要多一点理性思维，这样文科的课堂教学才会更有逻辑和条理。

科学教育可以通过各学科的课堂教学进行，人文艺术教育可不是单指美术、音乐、体育。人文艺术教育是对人生、世界、周围发生的事物等的真、善、美的认识，特别是对"美"的审视与追求。因为美是世间万物所共有的特征，尽管不同的事物有不同的美，不同文化层次的人对美也有不同的理解与认识。但是，对美的追求、渴望与实现，则是每个人所共有的要求。所以，科学教育也就是学校里的各学科教育，一定要和人文艺术教育相结合，互相支撑。教师要让学生能透过各学科的表象，深入感悟到这个学科的美，从而加深对这个世界真、善、美的认识和追求。通过各学科的学习，学生自己就会整合学科知识，正确认识和审视人生和世界的美，形成科学的人生观和世界观，正确对待个人的特点，发挥个人特长，让个人价值最大限度地为社会服务，实现个人的理想和社会价值。

在课堂教学中，教师适当地引入艺术教育，在学生心中会播下美好的种子，使学生形成足够丰富的感受、感知以及良好的沟通能力，当然也是对学生的美感的唤醒与追求。

（二）艺术修养促进学生成长

1. 会审美是学生成长的重要组成部分

艺术教育能提高学生对自然美、社会生活美和艺术美的感受、赏识和点评能力，培育学生健康的审美情味和敏锐的审美感知才能，使学生从小酷爱生活、酷爱艺术，酷爱美好的事物。因而，艺术教育在学生教育中占有极重要的位置，是不可或缺的内容，是学生全面发展的一个重要途径。

2. 满足学生审美情感需要的情感教育

学生对于艺术教育有一种天然的需要，他们好动，发现力强，艺术活动则为学生供给了一个情感沟通的时机，是他们喜爱的活动。学生用歌唱、舞蹈、钢琴演奏、扮演等这些外在符号自由地表达自己的观念，抒发情感，感受用艺术与他人沟通的兴奋，然后取得一种精神上的满足，一种因自我肯定而发生的愉悦感。

3. 培养学生手、眼、脑的协调活动

很多教育家认为，现在社会需要手脑并用的人，即所谓"全脑思维"。艺术创作是一个手、眼、脑并用的过程，需要学生用多种感官去感知审美对象，用脑去想象、理解、加工审美意象，用语言去表达自己的审美

感受，用手操作工具和材料去表现自己的审美感受、思想情感和所见所闻。学生在创作中通过心理操作和实际操作，把自己对美的感受转达给他人。

4. 发展学生的观察力、想象力和创造力

艺术创作可以有效地催发学生的想象力，激起他们对美好事物的联想；创作活动是自由的，它不受客观规律的约束，能使人逾越时间和空间、生命与无生命、实际和梦想的种种约束，从而为幻想和发明提供可以自由奔驰的广阔天地，用一种实际化、形象化、具体可见可闻的方式，使学生的幻想和发明可以凭借艺术表达出来，完成出来。

5. 艺术教育有助于学生脑部潜能的开发

在基础教育时期，学生的大脑正处于发育之中，此时，既需要新颖鲜明的信息刺激以开发智力，又要防止和避免疲劳，美术、舞蹈、音乐等艺术创作恰恰兼有二者之长，适当地让学生多参加艺术创作活动，对其大脑的健全发育会起到促进作用。艺术教育的功能是整体性的，它虽主要作用于右脑，却又不止于右脑。它所培养的空间知觉能力和直觉思维能力不仅为智能健全的人所必需，而且对于左脑的语言功能也有促进作用。

我有个学生叫王汐，自幼酷爱京剧与昆曲，于北京大学计算机硕士毕业后，在一家银行担任管理工作。他30年如一日，坚持练京剧，唱昆曲。艺术修养促进了他的学习与工作，也为他添加了许多生活乐趣，反过来学习与工作也促进了他对艺术的美好追求。何止是王汐，北京大学物理学博士朱晓鹏也是一个痴迷艺术的物理学家。他在业余时间拉一把京胡或吹一曲羌笛，把对生活的热爱与物理学的乐趣全融进了美妙的音乐之中。

6. 教育部强调"戏曲进校园"

教育部强调"戏曲进校园"，于是一些中小学校不怕花钱花时间，排练戏曲。其实，"戏曲进校园"的本质是宣扬中华优秀传统文化。因为中国戏曲是中国写意文化的集大成者，也是中国伦理道理、信仰、精神的传播渠道。学校教戏曲时必须融入中华优秀传统文化才有意义，让学生

在中华优秀传统文化中接受审美教育和陶冶情操。我曾经给学生讲过中国戏曲的鼻祖昆曲的由来与发展，以及昆曲之美，很受学生欢迎。为了让学生更好地理解唐代大诗人杜甫的诗《新婚别》，读懂世界名著《老人与海》，我还编写了适合学生演出内容的两个戏曲本子《英雄颂》与《老人与海》(改编自海明威著名小说)。

十、 学思课堂教学案例

（一）小学数学的"植树问题"

1. 核心问题

在一段公路的一侧植树，植树的棵数与相邻两棵树之间间隔的数量关系。

2. 情境包裹

(1)用实际图片展示。

(2)用每个人的一只手模拟。

3. 逻辑思维的建立

(1)让学生通过观察分析，在教师引导下得出结论。

(2)知识拓展，培养创造性思维。

(3)认识从生活到抽象的数学思想。

4. 课堂教学过程

(1)教师先用幻灯片展示几张美丽的一段公路两旁种了一些树的图片，引发学生的兴趣。

(2)定格在某一张图片上。画面上有一段公路，公路的首尾均种了树，首尾之间也植了若干棵树。

(3)鼓励学生观察，画面上树的棵数与每任意两棵之间的间隔的数量有什么关系。

(4)画面上把这段公路抽象为一条线段，原公路上的树抽象为与线段垂直的线段，每任意两条线段之间的间隔也抽象为线段并涂上红色，完成由生活向纯数学的转化。

(5)对转化为纯数学的几何图数，观察与公路线段垂直的线段与红色间隔的数量关系，并用数学等式表示。

(6)思维拓展，若线段上首尾均有垂直线段，公路线段上共有 m 个垂直线段，红色间隔数为 n，写出 m 和 n 的数量关系等式。

图 2-7　植树问题的演示

(7)老师举起自己一只手，先把手伸直，五根手指为树木，每根手指之间为间隔，让学生体会，原来数学可以如此生活化，并能如此简捷。

(8)老师弯曲某一根或几根手指，让学生观察变化的植树的棵数与间隔的关系，近一步巩固上面的学习成果。

(9)老师把手的手心下凹，大拇指与小拇指相邻，五根手指类似围着一个似圆形的湖岸植的树，于是拓展到围着圆形植树，此时首尾两棵树也产生了间隔，再认识此时所植树与间隔之间的数量关系。

(10)整堂"植树问题"，学生在教师引导下完成由生活向数学的抽象，掌握了植树中棵数与间隔数的逻辑关系，并由沿线段式植树拓展到了围圆形植树的创新思维。

5. 课堂效果

提高了学生的学习兴趣、想象力和思维品质。

（二）高中语文"我有一个梦想"

高中语文年轻教师蹇琴是从北川中学考入四川师范大学，毕业后又回校任教不足两年的青年教师。她要讲授的是美国黑人领袖马丁·路德金的《我有一个梦想》。

　　蹇老师衣着整洁地走进教室，站在讲台上，深情注视着全班学生，用低沉的声音说："同学们，我们都在课下阅读了马丁·路德金的文章《我有一个梦想》。我已经被深深地感动了。"（几句带有浓重情感的语言，把全班同学的注意力集中了起来。）蹇老师接着用两三分钟的时间给学生讲了一个 19 世纪 50 年代发生在美国公交车上有关种族歧视的真实小故事，进一步调动学生的认知情感。

　　接着，蹇老师用五分钟时间，选读了课文中的几段文字。当蹇老师声情并茂的朗读结束时，班上响起了雷鸣般的掌声。学生们感觉到，站在他们面前的仿佛就是那个为抗争"种族歧视"而战斗的黑人领袖"马丁·路德金"！（蹇老师用自己的语言，为学生创设了感人至深的语言情境，这种情境包含着核心问题：反对种族歧视，这种人文的语言情境包裹核心问题一直延伸到课后。）

　　学生们被蹇老师对课文《我有一个梦想》充满感情的朗读深深地感动了，纷纷举手，要求朗读自己最深受感动的段落。（学生的学习主动性被教师激发了，学生成了课堂的主人，在积极思维，要努力表达自己的学思成果。）

　　有两个男生和一个女生朗读了他们喜欢的段落。

　　蹇老师问："为什么这些段落那么吸引你?"（让学生主动发现语文文字的魅力，读懂文字所表达的内涵，进入语文学习。）

　　学生从用词得当、言简意赅，逐渐加深语气的排比句的使用，推论出文章结构清晰、逻辑性强，文章主题明确，语句精练。

　　蹇老师把学生的发现，一一写在了黑板上，引导大家怎样学习语文，并正确认识课文文本的价值取向，适时进行恰当的思想教育。（蹇老师充分调动学生进行积极思考，在学思结合中，学生自己发现好文章的特点，例如，文章结构、语言特点、逻辑关联、排比句的正确运用、语言所表达的价值取向等，让学生在学思中有成功感并学以致用，落实语文课核心素养。）

　　蹇老师留下了课后作业：再阅读文本，找出最感动你的语言，并说

出为什么；写一篇不超过 400 字的短文《我的梦想》，其中必须应用排比句。

临下课，蹇老师放映了马丁·路德金讲演《我有一个梦想》的视频，把课堂推向了一个新的高潮。

第二节　学思课堂的教学环节

关注课堂教学是每个学校的重要大事之一，然而人们往往只是关注具体的"一堂课"，也就是这堂课所用的 45 分钟。甚至还有人把教师比喻为演员，课堂教学就如同演员的上台演出。这是非常错误的。演员与教师根本不一样，也不是一个概念。演员上台演出，只需要观众的认可和欢迎，没有"把观众也教会演出"的义务。而教师就不同了，教师上课，不仅要学生喜欢，课堂教学要受到学生的欢迎，更重要的是，还要让学生学会并能运用教师所教授的知识。更何况，要想做好教学工作，光有"出彩的一堂课"是远远不够的，应该每堂课都有精彩的地方。

一节课至少应该有以下几个环节：课前备课、课堂教学、课后辅导、作业批改、课堂质量检查等。

一、 课前备课的核心是"琢磨"

基础教育阶段所教授的知识，一般都是各学科最基础的知识。就中学数学为例，知识内容至少也有两三百年的历史。教师就是要把看似陈旧，但对学生来说是新的知识讲给学生。很多年轻教师开始都会认为这是一件非常容易的事情，因为在这些取得一定学历的成年人看来，基础教育的内容实在是太简单了。这些年轻教师显然忘记了自己在上中小学时，是如何接受知识的过程。他们也不知道，教师在讲课的背后付出了多少不为人知的心血。

说实话，备课是一件很难的事。备课是否成功，绝不是以备课本上写了多少页来衡量的。备课是一个以全心全意为学生服务为基础，以学生的认知水平为依据，把要讲授的知识先内化为自己的知识，再琢磨以什么形式呈现给学生，引发学生的学习兴趣，充分展示知识形式的过程，让学生在愉悦的学习过程中，体会、认识、理解、记忆新知识。写在本上的教案仅仅是一种形式，它的价值顶多也就是把一节课所讲的内容呈现条理化了。

在现实生活中常出现以下情况。有的教师的教案，看上去写得很好，课堂教学目标明确，教学过程清晰、科学、合理，但实际教学效果却大不如人意。教案虽然"头头是道"，学生却对这个老师"怨声载道"。当然也有的教师的教案很简单，没有那样的详尽或规范，但课却上得很好，教学效果很好，很受学生的欢迎。

为了更好地说清教师如何备课，让我们先一起来看看学生在课堂上是如何学习的。

学生在课堂上学习的过程，是以学习的整体心理活动为基础的，是认知活动(智力因素)与情意活动(非智力因素)不断融合促进的过程。这个过程是在师生之间、生生之间的相互影响、相互作用下完成的。学生在课堂的学习过程中，教师始终是一个引导者和组织者。学生虽说是课堂学习的主体，但是在课堂的学习过程是否完美，即课堂效果是否有效和落实，这就与教师如何引导和组织课堂教学有重要的关系了。

其实教师只要认真地想一想自己的成长过程就会不难发现：认识某件事情的过程，往往是伴随着好奇、诧异、思考、惊喜和兴奋等情绪的。如果把某件事情真正认识清楚了，还会产生一种继续往前探索的兴趣。我们老师上课，就是要调动学生的这种情绪。

教师在课堂教学中，最主要是用自己的教学行为，刺激学生的听觉、视觉等感观。也就是说，在课堂教学过程中，老师让学生听到什么了？看到什么了？学生听到的、看到的是否能引发他们的学习兴趣？

前文已然说过，一个教师必须了解并熟悉学生的三个主要背景(家庭、文化、知识)。在这个基础上，课前准备即备课，应该如何做呢？说起来其实也很简单，那就是在非常清楚地了解了"教学目的"的前提下，

在呈现知识的过程中，如何尊重学生学习过程中的认知(智力因素)活动和情意(非智力因素)活动。教师说的、做的、在黑板上写的等，能通过学生的听觉、视觉引发学生的兴趣，教师呈现知识的过程能充分激活学生的这认知(智力因素)活动与情意(非智力因素)活动，并能使这两个活动有效地融合在一起，让学生能愉悦地接受老师所讲述的知识。

(一)认真学习并落实国家课程标准

课程标准是国家课程的基本纲领性文件，也是学科教学内容(教材)及中考、高考命题的依据，是国家对基础教育课程的基本规范和质量要求。

国家课程标准是教材编写、教学、评估和考试命题的依据，是评价管理和评价课程的基础。国家课程标准是按门类制定的，它规定本门课程的性质、目标、内容框架，提出了指导性的教学原则和评价建议。规定了不同阶段学生在知识与技能、过程与方法、情感态度与价值观等方面所应达到的基本要求。教师对于课程标准必须认真学习、理解和执行。

中小学教材都是由专家团队依据课程标准而编写的，是为全国或某一地区的教学服务的。例如，北京市初中教材是由北京市编写的。教材提供的是知识的讲授框架和基础内容，而怎样把这些知识呈现在课堂上，且适合自己学生的情况，那就要显示出教材在具体班级教学中的个性，也就是说要让教材能够因地制宜，为现实教学，特别是为现实学生服务。

教材是分年级编写的，教师往往只重视自己所教年级的教材，这显然是不够的。无论你教哪个年级，都必须通读其他年级的教材，从整体上认识、理解这一学科的教学内容，甚至应该适当延伸一下(比如，高中数学老师不但要学习高等数学，还要了解初中、小学的数学内容)。这样才能做到对所教的具体内容的恰当的微观把握，即清楚自己所讲的这一学科的局部知识内容，前面已有什么知识做支撑，在以后的学习中会有什么样的作用。这样才能准确把握好在具体的一堂课当中，如何把握知识的难度，如何对知识进行呈现，也才有可能在教材的呈现顺序和方法上，对教材进行有效的整合，突出重点，化解难点，在有限的课堂时间内，让学生得到更多的实惠。

（二）教师应当尽量扩大自己的知识面

理科教师讲课要多一些文采，文科教师讲课时要多一些理性思维。为了达到这个目的，教师本人除了要多读书，还应多运用学校的教育资源，多向其他科教师学习，有目的的多听课。听课的目的不在于学习课堂内所讲授的知识，而是去观察、学习、体会其他教师是如何组织教学、如何运用语言的能力和如何与学生进行情感交流的。不同的学科，不同的教师都会有自己个人独有的教学特色，如果能不断吸纳其中对自己教学有益的成分，就会使自己的课堂教学越来越饱满和丰富。

（三）备课的核心应该是"琢磨"

每一位教师的素养和能力都是不一样的，备课的方法和境界也不全相同。教师在其成长过程中的不同阶段，学识和经验都在发生着变化，备课的境界也会发生变化。

刚从教的年轻教师会十分仔细地把上课要说的话，甚至学生可能会说的话全写在备课本上，生怕上课会有遗漏。

有了一段教学经验的教师，备课笔记的字数虽然会减少，但依然会一丝不苟地写下整个教学目的、手段及过程。

有了较长工作经验的教师对教材已经非常熟悉了，备课笔记字数会更少，教师具备娴熟的课堂驾驭能力，以不变的教材内容应对变化的一届又一届学生。

优秀的教师总是在对照课程标准研究教材，提炼知识的精华，特别是学科知识的思想方法和逻辑呈现。这些教师学识渊博，所教给学生的教科书里的基础知识只是自己知识储备中的沧海一粟。在课堂上能"一语中的"，课堂教学切中要害、游刃有余。更重要的是还具有理论的高度、知识的厚度、视野的宽度、思维的活度，有较好的语言表达技巧、研究能力和较强的创新能力。上课教的是"已经转化为学科思想的知识"。就传授知识本身来说，教师一般都是没有问题的，关键是将这些知识如何

有效地呈现在课堂上，从而提高学生的思维品质。这就要求教师要做到"情境包裹核心问题"，同时需要教师根据自身的条件和学生的具体情况仔细琢磨。"琢磨"什么呢？主要有以下内容。

(1)琢磨所要讲的知识，在课程标准中的要求、核心概念、本质特点，从而明确"核心问题"，并能恰到好处地"情境包裹核心问题"，使学科核心素养落地。

(2)琢磨所要学习的这部分内容，学生已然具备什么知识可以用来支撑，与学生已学过的知识有什么关联。

(3)琢磨用什么样的形式呈现这部分知识内容更有利于激发学生的学习兴趣，呈现形式即设置情境，是由所要呈现的内容决定的。

(4)琢磨核心概念的呈现关键就是最困难的是什么地方，如何化解这个难点，让学生顺畅地接受新知识，包括对语言的运用和采用恰当的多媒体教学手段。

(5)琢磨如何搭配有效的练习，通过课上的师生合作让核心概念由抽象到具体应用，让学生落实对核心概念的认识与学习。

(6)琢磨如何帮助学生形成有效的学习策略，即教会学生如何应用这部分内容解决一些实际问题。

(7)琢磨现有教材在这部分知识内容上的呈现形式是否符合学生的具体特点，如何运用教材。

(8)琢磨现有教材在例题配备和处理上，是否有不符合学生具体情况的地方，是否需要更换例题。

(9)琢磨教材所配备的习题，是否符合学生的实际，难度如何，如何处理最好。

(10)琢磨提出什么样的问题，问哪个学生更能起到良好的教学效果。

(11)琢磨如何根据这堂课的内容，根据学生的不同情况，如何进行课外辅导和检测所学内容是否落实。

(12)琢磨在黑板上要写什么，什么样的板书才最有实效。

(13)琢磨这节课要学生观察什么，从观察中发现什么，发现的现象是否能引发学生的兴趣，对有兴趣的发现如何进行探索，这个探索会有多少种结论，如何引导出正确的结论。

（14）琢磨自己上课的教学行为，学生在看到和听到时，会有什么样的反应。这种反应积极吗？

……

"琢磨"是一件很费精力的事，也是对教师教学态度的一个考验。"琢磨"是没有止境的，"琢磨"的结果直接影响着课堂教学的效果。"琢磨"的是否成功，也是教师水平的一个体现。

这种"琢磨"是没有时间和空间的约束的，不见得只是在办公室完成，也不见得能一气呵成。备课一般是在间断的时间内、不间断的思索过程中，不断完善和臻于完美的，是一个艰苦的对知识再认识、再创造的过程。这个"琢磨"的过程与教师自身的综合素质和修养有关。可以说这个"琢磨"的过程，就是教师本身的综合素质实际体现和应用的过程。

备课在揭示本质概念的时候必须要有新意、有层次，上课时的重点语言在教案中要标写出来，引起教师的高度注意，并能把这种"重点语言"在课堂教学中融在教师的纯自然的表述之中。有的老师总觉得备课没有什么好"备"的，有的老师"备课"笔记虽然写了十几页，但没有个人的思考特色，只是别人备过的教案的翻版，根本没有注入个性化理解。究其原因，大多是这些老师综合素质不高，个人修养不够，看问题的起始点和落脚点不准。因此，要提高备课质量，关键还在于提高教师的综合素质。

事实上，教案只是一个在课堂教学之前准备好的一个"教学计划"，这个计划是否能有效地在课堂教学中实施，还需要课堂教学过程的真实考验。因为在课堂教学过程中，教师面对的是活生生的学生，学生是有思想、有情感、有自我需求的个体。他们对教师事先准备好的"教学计划"，是否能够接受、是否满意只有在课堂教学过程中才能发现、才能得到答案。

我觉得讲课的老师是活的，听课的学生是活的，而相对于这两个"活"，老师所要讲授的知识相对是纯知识形态的、是用死的文字叙述的。备课最重要的就是要想好如何让这两个"活"，把相对"死的"知识也变得

活起来，即如何在科学、准确的知识上深深的包裹上丰富的情感和浓郁的人文精神，其中包括针对不同年龄的学生和不同思维层次的学生，需要什么样的教育灵感与智慧才能让课堂充满活力，让师生活跃的思维产生碰撞，在不断的思想争论中，达成对知识的共鸣与共识。在这种师生共同思维活跃的过程中，在教师的引导下，师生一起化解知识的难点、落实知识的重点，让学生对知识得到真正的认识、理解和消化。学生不仅仅掌握了应学习的知识，更重要的是提高了思维品质。这种对课堂教学的设想，往往需要教师的知识、经验、智慧、勇气和对教学的灵感，而这一切都是很难从教案中反映出来的，但它又恰恰是基础教育在课堂教学的备课中最重要的地方。

当下课的铃声一响，教师走出教室，我们会从教师的面部表情和情绪中深刻地感受到他对刚才的课堂教学是否满意。其实教师，特别是青年教师，更应当抓住这个时机写一些课堂教学感悟，哪怕只有几句话，也是最真实的自我课堂教学所得。将这些感悟积累起来就是对自己课堂教学得失最真实的记录，是一笔对自己增长课堂教学经验的宝贵财富。

二、 课堂教学的核心是师生思维流畅

课堂教学是否成功显然是对备课是否到位的一个现场检验。课堂教学过程，不是简单的教师对知识的呈现和学生接受知识的过程，而是教师自身综合素质(包括对教育事业的认识、对所教知识内容的认识，与学生的沟通能力、运用语言的能力等)在课堂上的呈现。

（一）课堂教学的一般流程

问题是学思课堂的心脏，心脏不跳了，学思课堂就死了。一堂课总是由教师或学生提出问题开始的(问题有时不是直接的，是潜在的，是一种隐性的问题)。由这个问题引申出这堂课的主要概念，再由师生共同完成教师预先设置好的例题(这种例题应当是有榜样作用的，学生在独立做习题时，例题是有借鉴作用的)，其目的是在课堂上落实对概念的准确理解和简单应用，帮助学生形成学习这部分内容的学习策略；再就是课堂

小结和留作业。

（二）情景包裹核心问题

教学情景是为形成"问题"引申出一堂课的主要内容服务的。教学情境的设置，要"抓学生的好奇心"，调动学生的"学习兴趣"和激活学生的"思维活动"。

例如，小学数学讲平面多边形周长。

教师可以带一条一米长的细绳进入教室，向同学展示。先让绳子头尾相接，形成一个封闭的图形，然后向同学们介绍什么是封闭图形的周长。

紧跟着问同学，教师用绳子围成的这个封闭图形的周长是多少？同学会很快回答"一米"。

教师接着问为什么，学生哈哈大笑地说："您拿的绳子是一米，用一米的绳子围成的封闭图形，周长当然是一米。"

这样，教师先用实例给同学创设了一个通俗易懂的"周长"情境。

接着，教师请两个学生到前面帮忙，把这条一米长的绳子贴在黑板上，首尾相接，围成一个正方形，并用粉笔沿绳子把正方形画在黑板上，再依次首尾相接围成五边形、六边形，同样用不同颜色粉笔沿绳子画下五边形、六边形。于是在黑板上留下了用一米绳子围成并用粉笔画出的正方形、五边形和六边形。完成了从生活到黑板上图形的抽象。

教师再问学生：在黑板上的正方形、五边形、六边形的周长是多少？顺理成章地进入了核心问题。

学生会很快答出，这些平面图形的周长都是一米。

教师让学生思考：如果预先不知道这条绳子有多长，那你还会知道这些平面图形的周长吗？

同时，教师把长度不等的几条绳子发给学生，学生自然分成了几组，在课桌上用发的绳子去围成封闭的平面多边形，让使用不同长度绳子的小组，计算所围成的平面多边形的周长。

不同的组由于绳长不一样，学生拿出自己的直尺，量出绳子的长度。

很快，不同小组的同学都得出了所围成的平面图形的周长。

教师接着追问：如果没有绳子，在黑板上随便画一个封闭多边形，你还会求出这个多边形的周长吗？

学生纷纷举手，经过讨论，一致得出结论：其实多边形的周长，就是各条边的长度的和。只要知道了每条边的长度，加起来，就是这个多边形的周长。

这时，教师给出了一个三角形，每个边长分别是 4 厘米、5 厘米和 7 厘米，教师刚画完图，话音刚落，全班同学齐声回答：这个三角形的周长是 16 厘米。

教师请两位同学上黑板写出计算过程，两个同学几乎写的一样：

周长 = 4 厘米 + 5 厘米 + 7 厘米 = 16 厘米

显然，同学们不仅明白了多边形周长的概念并掌握了如何计算。

整节课，教师都在引导同学在"学思结合"中进行，学生学得有兴趣，教师也教得高兴，"周长"及"如何求周长"让学生在讨论、学习、思考中自我生成。学生有成就感，更激励了他们学习数学的兴趣。

创设教学情境的时间要适当，它只能起到一个知识的切入点的作用，引发出学生的好奇心就足够了，要点到为止。创设教学情境，特别忌讳距离主题太远，浪费课堂时间。

（三）课堂核心问题的呈现

对知识内容的课堂呈现是课堂教学的主要部分。这就首先要关注和研究教学目的。为达到这个教学目的，考虑采取什么样的实现过程和相应的方法。教学方法是为了达到教学目的服务的。不明确教学目的，教学方法就是空谈。教学目的一旦明确了，教师就会想办法去实现它。这个方法是教师对自己的课堂教学行为和对学生负责的表现，是根据教学目的和学生的实际情况再结合自身的教学经验（包括向其他教师学习来的经验）形成的。所以说，教师是在用"心"来上课，这个"用心想出来的方法"，可能是几种教学方法相互结合的结晶，也可能是自己根据实际情况而创新的、独特的方法。

　　过分地强调教学方法是不恰当的。例如，课堂教学要先学后教。这是一个很不明确的教学概念。在课堂上教师要讲多少时间，这是由教学内容和学生可接受能力来决定的。至于"先学后教"，先学什么？怎么先学？这与一直提倡的对有些知识要预习有什么区别？事实上，这种提法本身就是有问题的。例如，刚学英语字母时学习发音，学生就必须在课堂上跟着教师一点点的学习发音的口形、舌头的位置等，否则很容易发音不准。

　　当然教师适当知道和了解一些教学方法还是必要的。但必须把"用什么方法"摆正位置。方法是教师用心想出来的，是为了实现教学目的而使用的方法，然后再给这个方法命名。就如同生物学中是先发现了一个物种，才会去给这个物种起名字一样。

　　其实，教师是要用"心"去上课的，而不是用"法"去上课的。一堂课下来很难界定他是用什么"法"来上课的。往往是教师用"心"巧妙地把各种"法"编织成了一个七彩光环，深深地打动、吸引学生，把学生领入高雅的知识宝库，由学生用自己最适合的方法去吸纳知识的营养。

　　教育是一件实实在在的事，课堂教学更是一件实实在在的事，来不得半点浮躁。因此，我们不要去盲目追求什么自己不理解的"教学方法"，而应当用全心全意为学生服务的一颗"心"，用"心"来呈现所要讲述的知识的本质含义。包括知识产生的背景、产生的过程和现实意义，在这个用"心"呈现的过程中，让学生能与教师一起体会，感受和认识理解知识。不但让学生认知了相应知识，也同时形成学习相关知识的策略。上课的过程是师生互动的过程，也就是"情境包裹核心问题"，这个互动主要表现在相互思维的活动上，教师与学生的思维始终交织在一起活动，**思维的活跃，是一堂好课的灵魂！**

　　课堂教学是教师通过自己的教学行为，主要是刺激学生的"听觉"与"视觉"功能，引发学生强烈的求知欲。那么，当教师一进入这个教室时，就应当让学生看到一个"阳光教师"形象。教师从说第一句话开始，就要引发学生的兴趣，教师在黑板上写的每一个字，都应当是教师要呈现的知识内容的精华。

学生的认知一般都是从观察开始的。那么，教师如何引导学生观察？观察什么？从观察中能让学生发现什么？发现的是否引发了学生的求知兴趣？在兴趣的诱导下，如何进行对新知识的呈现或探究？结论如何在学生的自然思考中获得？

例如，在初中化学课讲"可燃物"时，教师先给学生看左、右手分别拿着一块坚硬的石头和一张作业纸。

师：请同学仔细观察，我将用打火机分别去烧石头和纸，你们觉得将会发生什么现象？

生（全班同学几乎同声回答）：纸会燃烧，而石头不会被点燃。

老师开始分用打火机烧石头与作业纸，果然石头根本点不燃，而作业纸很快燃烧成了灰烬。

师：同学们，对你们已经观察到的现象，有什么想法呢？

同学经过一番讨论，开始发言：

生A：这应该是两类完全不同的物质，石头是不可以被点燃的物质，而作业纸是可以被点燃的物质。

师：同学A说得很对。一种物质是否可以被点燃，这是由其物质组成的成分决定的。所以，按可否能被点燃，物质就分为了两大类：可燃物（如作业纸）与不可燃物（如石头）。咱们今天主要来研究可燃物。

于是，顺理成章引出了本堂课的"问题"。

师：从刚才的观察或在你们生活实践中，可燃物，如作业纸，会平白无故燃烧吗？

生（几乎齐答）：不会，要有条件。

师：对呀，作业纸不去点燃，是不会自己烧成灰烬的。由此可知，可燃物的燃烧是有条件的。今天咱们就研究可燃物燃烧的条件。

教师在课堂教学过程中，要随时注意学生的目光，学生的眼睛是会说话的。学生一双炯炯发光的眼睛，在听课时，会向教师发出有情感的眼神，告诉教师他上课的感受。当学生的接受能力与知识的比例不平衡时，学生的眼神会迷惘；当教师的教学行为让学生很失望时，学生的眼神会到处游离，甚至干脆睡觉了之。当学生确实感受到了知识的魅力时，眼睛会放光，眼神会像两条涓涓的水溪，清澈而透明。此时，整个课堂会如同漂洋在知识海洋上的一条大船，教师和学生是轮流的舵手和水手，一起享受浪花冲击的快乐。

还回到上面提到的初中化学课"可燃物"，当教师与学生共同把"可燃物燃烧的条件"分析学习完成之后，教师立刻提出了一个新问题："当我们学习了可燃物燃烧的条件之后，谁能告诉我，消灭火灾的最根本办法是什么?"有位学生说要从根子上切断可燃物燃烧的条件。教师回应道："你说得太好了！那么从切断可燃物燃烧条件入手，你会有什么具体办法呢? 能举例子吗?"课堂讨论开始热烈起来，各种各样的消灭火灾的办法，被同学一一列举出来。

这样的化学课，显然既提高了学生的思维品质又受到了学生的欢迎。

驾驭课堂是老师的基本功。当然驾驭课堂不是那么简单的事，但驾驭课堂是老师上好课的最重要的基本功之一。

驾驭课堂的基础是教师本人能深刻、准确地理解、认识所要讲解的知识，并能用符合学生心理特征的、有趣的语言来把深奥的"纯知识形态"的知识，用教育形态极富感情色彩的、娴熟地表达出来。

教师的语言能力是非常重要的。有些教师说话有气无力，全程一个声调，有的教师说话过快，学生对教师的第一句话还没听完，教师的第二句、第三句已经连续如同火炮一样轰来了，轰得学生心里浮躁；有的教师说话不成句，有主语之后要学生等谓语、等宾语，破坏了语言的整体结构。当学生不耐烦、不想要再听时，学生的思想自然也就离开了教室。

教师的语言一定要有极强的感情色彩。例如，初中物理课讲"力"。"力"是这样描述的："力是物体对物体的作用"，教师应当这样来说这句话(以下加下划线的要加重语气，一表示语言要停顿)。

力一是物体一对一物体一的作用。

又比如初中讲函数：$y = x + 1$，老师在读 $y = x + 1$ 时，一定要这样读：

$y = x + 1$(这里 x 要比 y 更加重以表示 y 是随 x 变化而变化的。x 是

先变的，是自变量，x 是后变的，是因为 x 变了它才变的因变量。）

要让学生听老师的语言，如同听他喜欢的音乐一样，起伏跌宕，产生感情上的共鸣。

有些教师总在抱怨学生的阅读能力不强，"题都看不懂！"其实阅读能力的提高，不仅仅只是语文课的事，各门课都有提高学生阅读能力的责任。

教师应当先自己问问自己，自己的语文能力如何？阅读能力如何？能把话说清楚吗？语言有弹性吗？我经常和认识的青年教师们说，要他们学一下话剧演员说话的本事，要把每一句台词送到观众的耳朵里去，去感染观众和他共鸣。每一门课都有阅读的任务，每一位教师也都应该有朗读课文的义务，起码在教师朗读课文的时候，能唤起学生的学习情感，抽象出本学科的内容特点，进而激发对本学科的学习兴趣。

语言在课堂教学中，有着举足轻重的作用，即给学生创建"语言情境"，点燃学生内心的激情。如果你的课堂语言能力不是很好，建议你可以每天练习朗读诗歌或报刊，让和你最亲近的朋友听听，是否能让他感动。

一节课的重点是要非常突出的，往往也就是一两句话的事。但这需要教师去认真提炼，提炼得越通俗、越精炼越好。比如，一开始讲三角形，就要让学生明白：三角形是几何图形，它由三条边和三个角共六个最基础的几何元素组成。要知道这六个几何元素之间的关系以及要知道只要变动其中的一个几何元素，那么其他几个几何元素都有可能变动。

一课堂，一般来说只能有一个，顶多两个重点。重点多了，学生就找不到重点了。有的时候老师把一个内容讲完了，看还有点时间，为了"抢时间""抢进度"，就立刻再讲一点，最后来个 1.3 或 1.6 个内容才下课。其实多讲的那 0.3 也好，还是 0.6 也好，根本没有用，下节课还得重新再讲，反而破坏了这节课的完美性，使课堂教学的主题不突出。对师生都没有好处。

难点是学生接受新知识时最困难的地方。这个困难是对学生而言的，一般是指"思维层次"或"学法上"的问题。难点不是"不好讲"的地方，"不好讲"是针对老师来说的。角度不同，难点也就不一样。有时会有这样的情况：学生不认为"难"的东西，教师讲个没完没了，而学生觉得很"难理解""难学会"的地方，教师却蜻蜓点水，一带而过。于是就产生了师生之间在认知上的矛盾。学生自然会对老师的讲课很有意见。除了集体备课，努力克服发生这种"师生之间在认知上的矛盾"，教师应当多站在学生的立场上去想问题，把自己还原为学生；更应当多走到学生中去，具体感受学生的认知水平，做到讲课时"心中有学生"，才能更好为化解难点、突出、落实重点服务。

上课时，学生们能看到教师的所有"举动"，而这些"举动"是在直接刺激学生的视觉功能。无论是板书、做实验、提问，还是与学生的任何交流，都直接刺激着学生的视觉功能。因此教师要力求完美，让学生有一个在视觉上的享受，从而引发学生的学习兴趣。

课堂教学是老师教学工作的核心部分。课堂教学是否成功，无论是对老师还是对学生来说，都是至关重要的。

就以给小学教学讲封闭多边形的周长为例，让同学们自己把某个数学问题，通过观察、发现、探究等思维过程，形成科学、准确的数学概念，这当然是数学课最重要的内容，也是提高学生思维品质的过程。而如何让学生接受并形成科学准确的概念，这就需要教师课前多"琢磨"，在课堂实际教学过程中根据实际情况，引导出合适的课堂学习氛围，再积极推进，对学生进行因势利导。

对学科的一个基础概念，学生是否基本掌握，起码应该有如下两个标准。

第一，学生能用自己的语言，把概念叙述清楚。不见得非要和课本上一模一样，但关键部分必须科学、准确无误，同时能把其中核心的部分说出来。要特别重视学生用自己的语言对概念的阐述，运用语言本身就是一种能力，不会说，肯定理解得不透彻，当然也就用不好。我们说语文是逻辑的载体就是这个道理。

第二，能自如地举出由概念引发的例子，这种例子包括正面的例子和反面的例子，这种例子当然是越简单越好。举例的过程就是学生自我

消化概念的过程。

对课堂教学更应多关注宏观课堂教学效果，而不能过多地拘泥于微观的细节。虽说细节决定成败，但一堂课毕竟是只有 45 分钟的一个整体，必须要有宏观的整体意识，在这个宏观的意识之下，再去细细琢磨一个一个细节的落实，每一个细节的处理都是为宏观课堂教学效果服务的。**一堂好课的灵魂，应该是"思维上的活跃"。这个"思维上的活跃"是在课堂教学过程中，师生"思维相互碰撞"的结果，也是"教师教得好，学生也能学得好"的基础。**

（四）提高学思课堂教学的实效

课堂教学的实效表现在：学生在课堂上就能真正认识、理解和简单应用教师在本节课上所讲授的知识，而不是需要学生在课下还得苦思苦索和用大量的习题才能领会课堂教学内容。

这就需要课堂的主要内容在有效呈现之后教师能给出实际的例子来让学生进一步认识和理解学的知识。在课堂上，教师所讲授的例题是师生共同思考完成的。虽然有时需要老师自己讲解例题，但是学生在"听"的过程中，有积极的思维活动，学生力图在"听"老师讲解例题的过程中，能捕捉到解决例题的思路，从而学会对所讲授知识的应用。因此，教师在课堂上所讲的例子应当是紧紧围绕这堂课的核心概念的，例子越简单、越清晰越好。这样可以让学生更容易深入浅出地对核心概念再认识和学会如何应用。这里要特别再说一句，讲例题的过程，一定要达到师生思维合作完成的效果，才能让例题起到真正的"例题"的作用，为学生课后独立完成作业打下良好的"榜样"基础。

这样，目的明确的课堂情境包裹、精准生动的课堂核心问题（内容）呈现和以这节课主要概念为核心的简捷例题，在师生思维合作下的完成，就为这节课的实效性提供了有力的保证。

在学思课堂中往往教师的几句话便是在"立德树人"。例如，在北京师范大学成都实验中学的林海老师在讲"性别与性别决定"时，最后半开玩笑地和同学们说："咱们今天学习了人的性别与性别决定，那么男生和女生肯定是不一样的啊。"同学都哈哈大笑了。林海老师接着说："那你们就要认同自己的性别啊！男生在班上多做点力气活，大扫除时扫房顶，平时穿衣服要阳刚；女生心细，多做点检查工作嘛，而且穿件花衣服也合乎情理啊！"无形中，这几句话就是针对社会某些不正之风的德育教育。

三、 课后辅导要因人而异

如何进行课后辅导，现在一般都是在上课之后才去思考的问题。其实，教师在上课之前就应当有所准备。

现在似乎有一个误区："课后辅导"都是针对"学习有困难的同学"。这是不对的。不同智力背景的同学，对所学知识的认识水平自然是有差异的。其实不同智力层次的同学，在听课的过程中，已然发生了很大的差异，他们在听课过程中所关注的和所收益的是不同的。

在上课时，每个学生都是"各取所需"的。智力比较好、学习优秀的同学，听课时一般是在努力理解教师在讲解知识过程中的思想。他们更多关注的是，课堂上知识呈现过程中所反映出来的教师的思维过程，他们明亮的两只眼睛似乎总是在问老师：你是怎么想出来的？他们捕捉的是知识呈现过程中的思维过程，并努力把它内化为自己的学习能力；而一般的学生，只满足于欣赏知识的呈现过程，而更注重记忆知识的结果，并记忆如何运用这些知识结果去解决相应的问题；而少数学习不太好的同学，在听课过程中，眼神中总带着一丝迷茫，更多的是死记硬背，死记那些似懂非懂的、又必须记住的结论。

老师应该在课前就对所讲授的知识的难易程度、对不同思维层次的同学在接受知识的能力上的不同，要有从心理上、教学方法上以及课后辅导上的准备。准备好如何对几种"不同需求"的学生群体，施加不同的辅导方式。

对学习不太好的同学，教师应多从情感上予以关爱。让他们不要自卑，要有自信，还要给他们以非常具体的、简单易行的学习策略建议，实事求是的适当鼓励他们学习的信心和勇气。

对一般同学则更应关注他们对知识的理解，让他们明白"懂了"和"会

了"是不同的两回事。从"懂了"到"会了"还有一段距离。何况"会了"还要到"对了"才行。这"会了"和"对了"又是两件不同的事。"对了"才是我们的最后目标。提示他们要在自己的反复学习实践中，形成适合自己的学习策略，以提高自己的学习、理解能力。

对于学习优秀的学生，则需要认真听取他们对同一个知识或许有的不同见解，焕发他们的想象力、引导他们的求异思维或发散思维并使之更科学，再和他们进行有适当难度的讨论，引导他们创造性思维的形成。

至于对这几部分同学采取用什么样的方式进行辅导，那就要因事、因人而论了。可以有交谈的方式，也可以是以介绍好的书刊的方法，也可以出几个题再让学生试一试，甚至于可以再让学生给老师讲一遍上课的内容。总之，辅导要讲求效果。没有效果的辅导是浪费学生和老师的时间。

四、 作业批改是师生的情感交流

首先教师要和学生们讲清课后作业的主要任务是什么。

作为数学老师，我常常和学生们说："我给你们留的作业，就是检查落实一下，你们对我上课时所讲述知识情况的反映。你们写数学作业，你们做作业的过程，就是用数学符号给我写信，告诉我你们上我的课的感受、收获和意见。我批改你们的作业，就是阅读你们用数学符号写给我的信之后的回信。我要从你们的作业中，获取你们对我所上的课的意见，能让我更好地做好课堂教学。所以，你们写作业和我阅读批改你们的作业，就是我们之间的一种真实的对课堂教学的情感交流。就是我们之间的书信来往，所以我们应当彼此相互尊重。无论是你们给我写信(做作业)也好，还是我给你们回信(批改作业)也好，都应当是师生间情感的一种真诚交流，因此我们都应当是诚恳的、真实的、认真的、相互尊重的。"

这样，我把学生的作业当作学生写给我的"信"，批改作业当作给学生的"回信"，既然是师生间的书信往来，当然都是非常认真的。

给学生留的作业必须有质有量。作业科学性要强，要适合学生水平，而且数量也要适当。既不能让学生感觉作业太多，无暇顾及，也不能让学生空余时间太多，无所事事。所做的作业一定要有趣味，让学生喜欢做。我给学生留的作业中，需要用书面回答的，每天一般只有二三个题（其他题目只需要认真自己处理，在交来的作业上写清楚哪些题目已经解决，还有哪些问题需要帮助解决就可以了）。这样可以保证学生有足够的时间和精力认真做作业，也就是给我用数学符号写信。我也会有足够的时间和精力给学生批复作业，即给学生回信。

这样，学生就很重视作业的完成质量，因为他们有足够的时间和精力，按教师的要求把作业写得很好，无论对还是错学生的作业都做得很认真。这样的作业，不但能真实地反映出学生解答习题的思维过程，而且养成了学生书写整齐的好习惯。我的批复也一样认真。每题必批复，好的地方，不太好的地方，都会用红笔批注出来，最后再写几句我阅读完作业的心得。有创新想法的作业，给予批注后，还会及时张贴在班上让大家看。这种用作业与学生进行情感与知识的沟通，对我的教学很有促进作用，也对提高学生的学习兴趣和学习成绩很有帮助。

五、 课堂质量检查要心中有学生

课堂教学质量的检查，应该是多样化、多种形式的。比如在课下和同学聊天时，就会在有意无意之中谈到课堂上所讲的内容，对批改作业的意见以及对所有教育教学行为的最真实朴素的反馈意见。在课堂上，可以根据同学的不同学习层次，设置难度不同的问题，让同学基本能准确又有点瑕疵的回答，使全班同学再次得到对所学知识的复习和落实。当然，使用最多的还是"定时定量"的有针对性的课堂练习。

课堂练习是检查教学效果的重要手段，课堂练习必须有很强的针对性，这种针对性应该是以学生为学习主体的针对性。这首先反映在题目的知识范围上，应该让学生心知肚明，再就是具体题目，在教师出题时，一定要做到"题中有人"。也就是说，要根据学生学习的具体情况和层次，让每一个题目都能针对某一个层次的学生。由易到难，让每个学生都能通过课堂检测有所收获。如果课堂检测到的结果都特别好或都特别不好，

都是失败的。好的检查应该让每个学生找到自己应有的位置"各就各位"，让学生既看到成绩，又看到不足，实事求是的反映学生掌握相应知识的情况，同时也使教师更清楚地了解自己的教学情况，有针对性地改进教学方法。

六、 教学成绩的提高要水到渠成

学生中考、高考成绩如何，不仅对学生有重要意义，也严重影响着学校在社会上的声誉与形象。因此，关注并追求中、高考的好成绩，自然也就成了各学校的一项重要任务。努力争取中、高考好成绩是很正常的事，也是师生共同努力的效果的一种表达方式。问题是如何获取这个好成绩。让学生能在规定的时间内，完成有一定质量的检查，也就是定时定量的考试，特别是前面提到的覆盖式训练，应该是教学的一个重要组成部分。其实，要让学生在中、高考中获得好成绩，就必须遵循水到渠成的规律。只要认真做好我们谈到的前五个环节，那么学生相对他个人来说，"水到渠成"取得好成绩，就是自然而然的事了。

我经常和学生们说："'师父领进门，修行在个人'，这句话很有道理。"教师的一个重要任务就是把学生"领进门"，当然这个能把学生"领进门"就很有学问。但是更重要的是，学生进门之后，要启发学生们去自觉的"修行"，也就是要自觉的思考、升华，"悟"出"进门"之后的道理。所以，对学生和教师来说，学生学会任何本领，都是学生在"悟"的过程中自己学会的，而不是老师教会的。当然，对学生来说，能遇到一位好老师，能顺利地把他"领进门"，再能有效地启发他的思考，悟出真正的道理，那是再好不过的事了。

然而，遗憾的是，在实际教学中有个别教师对前五个环节不是很重视。把学生中、高考的成绩完全当作"教育的终极目标"。为了达到这个目标，让无休无止的、"针对性"不强的考试和大量"目的性"不明确的题海，包围学生，使学生完全成为"考试的熟练工种"，去应付考试。当然，用漫无边际的题海包围学生，也确实能暂时提升学生的中、高考成绩，但却使教育过多地趋于了一种功利，远远地背离了教育的目的。而且还会在一定程度上导致学生厌学、对学习失去兴趣、甚至会失去学生个人的学习能力。

七、 练就教学基本功才能驾驭课堂

对学生的尊重不是一句空话，而是要有实实在在的内容。尊重是双方的，对学生的不尊重，其实就是对自己的不尊重。如果教师自己都不尊重自己，怎么能让学生尊重老师呢？

一位教师在形成自己的教学特点之前，应当首先练就教学基本功，否则什么课堂教学都是纸上谈兵。例如，声情并茂的朗读、工整无误的书写、抑扬顿挫的语言等，这都是一个语文老师必不可少的基本功。

我是很喜欢听语文课的，因为在语文课上我可以学习语文老师驾驭语言的能力。可有时也真的让我很失望，有的语文老师缺乏语文老师的基本功。读课文平淡乏味，根本引不起学生情感上的共鸣，更不用说让学生参与课堂教学了。也正如有些数学老师总在指责学生"运算能力不好"，但他却常在上课时运算出错一样。老师不能以身示教，何以有权力去批评学生？

有一次我去听数学课，老师在黑板上进行推理运算，从第二步就已经错了。学生也都看出来了，可就是不说。一直到这位老师写了满满一黑板，实在是算不下去了，急得出了一头汗。下课铃声响了，老师只好无奈地下课。

下课后我问学生，为什么看出老师出了错不给提示一下，白白浪费了一节课？同学们说："他上课老出错，我们说了不知多少次了，没用。看老师算错，我们已经习惯了，麻木了，不以为意了。"

教师最不爱听的一句话就是"误人子弟"，可恰恰有一些教师在用他们的教学行为做着真是"误人子弟"的事。这是我们全体教师都应当深深"自省的"。

当教师首先要练好教学基本功。这是做一名好教师的最重要的基础之一，也是教师能植根于学生之中、受到学生欢迎的先决条件。

八、 教研组是任课教师的营养包

（一）学科的教研组是这个学科教师们的营养包

这个"营养包"的主要内容是对相关科目的教学内容进行认真分析，包括对课程标准、考试纲要和教材的分析以及应该准备的材料。根据"教"与"学"两个课堂教学的源头，准确找出教学的重点和难点，研究、分析如何破解难点和保证重点内容的落实，如何"用情境包裹核心问题"。教师在科学地呈现知识内容的同时，如何形成学生的有效的学习策略。

每个教师都有向这个"营养包"输送营养，也就是向这个"营养包"输送自己带有个性化理解的观点和所收集到的相关材料的义务。当然也有从这个"营养包"中吸取营养，再加入自己的认识，形成个性化教学的权利。在这里也必须明确，义务是第一位的，只有教研组的每个成员自觉的积极为这个"营养包"输送营养，这个"营养包"才可能真正有"营养"供全组老师们吸取并运用到自己的个性化课堂上。

教研组以及各年级的备课组的活动，显然也是必须围绕"问题"展开的。教研活动是为解决老师们在课堂教学过程当中所产生的各种各样的问题的。解决问题的过程就是教研组的教研活动。没有问题和解决问题的教研活动，肯定是非常没有意思的，只是说一些老师们都知道的事，或统一一下各年级的教学进度，老师们肯定不愿意参加。

教研组和各年级的备课组，应当是宏观与微观的关系。教研组要从宏观上把握好本学科的学科思想、学科内容和相应的教学方法如何有效的统一。各年级备课组，则应多从本年级的实际情况出发，研究如何有效地在本年级落实课堂教学。例如，对某些知识块的内容，就本年级的实际情况，要做什么样的调整、如何进行对现行教材的有效整合、采取什么样的知识呈现形式和顺序等，才更有利于"老师的教"与"学生的学"，进行合理有效的对接。让这个年级的任课教师，有一个相对统一的了解和认识。再由各位教师根据个人的实际情况，形成个性化的课堂教学。

由于各年级的教学情况差异很大，所以教研组的整体会议，一定要有很好的准备，准备不充分时，最好少开，否则会流于形式，还会让老师对开会没了兴趣，这样就失去了开教研组会的实际价值。教研组长要与各年级备课组及时沟通，相互了解、补充和相互支持。

（二）养成写"课堂随笔"的好习惯

"课堂随笔"不同于听课笔记，更不是备课笔记，而是一种发自教师内心对基础教育的感悟，也可以叫"教育偶得"。它的主要内容是：教师对教育的偶感心得；教师个人备课心得；教师个人的课后反思；师生之间的交流随笔（通过对个别学生的教育行为透视教育观点）；对一本好书刊的读书感悟；有关教育的疑惑或意见分析；其他与教育相关的问题，教育教学中各种偶发事件、个案处理的感悟。

总之，对基础教育的所有感受都可以写下来，形式不限，字数不限，只要对教育有感觉就可以写。

北京师范大学附属中学教师就有写"课堂随笔"的好习惯。

就拿听课来说，北京师范大学附属中学对听课是这样提倡的，希望老师听课时的选择，不仅只是自己所教的课要听，而且要听其他学科的课。比如，要向语文老师学习如何驾驭语言、调动学生的情感；在艺术课上则努力寻求如何把学生对艺术的直觉引入本科教学课堂中来；听理科课则要学习如何有条理有层次地讲解问题、培养自己的理性思维能力。总之，要让教师认识到，理科教学必须有恰如其分的人文修养做支撑，才会更完美；文科课则要多一些条理和逻辑的理性思维。再把这些想法写下来，就是极有个性品质的"课堂随笔"。

他们的"课堂随笔"比听课、备课笔记更多了真实的对教育的感受，是"悟""教育真谛"的一个实实在在的过程。当然，"课堂随笔"本身对写"课堂随笔"的教师来说也是一个非常好的自我升华过程；是教师个人对教育的思考、做法、反思等的记录；是教师平日教育行为的经验积累，是教师的一笔实实在在的教育财富；也是教师对个人教育行为的一种自觉的有效约束和启示；也是教师之间进行教育交流的很真实很亲切的资料。

　　为了增强学生对学校的认同感，扩大学生眼界，激发学生活动兴趣，活跃学术氛围，北京师范大学附属中学各教研组还充分挖掘校内外优秀教育资源，举办学科的或跨学科的定期和不定期的兴趣知识讲座。举办之前要先进行调研，征求学生的意见，讲求实效。听讲人数不一定要多，但是讲得要"有目的、有意思"，能在学生中造成积极影响，形成学生好学、乐学的学术氛围。例如，"谜语与语文""国粹京戏""北京南城文化""机器人""情绪带来的化学反应""趣味数论"等。语文或艺术课老师还带学生到学校附近的北京古文化一条街——琉璃厂游览，在给学生介绍这条街上的各种字、画、文房四宝的同时，让学生感受中国文化的博大精深。北京师范大学附属中学还建有"钱学森纪念馆"，师生都可以随时到那里去感受钱老的伟大爱国情怀和对科学的杰出贡献。

　　事实证明，这些活动都非常受学生欢迎，极大地激发了学生的学习兴趣。

　　宋延慧老师是北京四中数学组中迅速成长起来的一位年青教师。她在数学组老师们的带动和关怀下，已经由一个刚毕业的大学生成长为一个优秀青年教师。我很佩服她的一件事是她从大学毕业刚开始当老师就来听我的课，每节课她都非常认真听课并注意观察学生的反映，整整两年，风雨无阻，没有缺席过一节课。

　　她听课非常认真，我总看她在笔记本上记呀记的。后来我才知道她把我上课的很多关键的话都记下来了，然后又根据她个人的情况，内化为她个人对课堂教学的理解与认识，经过加工整理为具有她个性特点的课堂教学形式，应用到她的课堂上。她主动向各位教师学习并聆听指教，在教研组的大环境中，成长得很快。

　　有一次我去听她的数学课，越听越觉得怎么那么熟悉，原来她把从我这里听来的进行了有效的个性化加工，使她的教学达到了比我更高的境界。

　　在学校的教研组内，必须能有一个相对权威的领军人物，也就是教研组长。组长的权威是在日常教学工作中显现出来的，而不是由学校领导指定的。组长不但要有很好的业务能力、组织能力，还必须有顾全大局、团结合作、不谋私利的品质。

在贵州实验中学数学组就有这样一位年轻有为的数学教研组长——李士魁老师。李老师在大学时学习成绩就很优秀，当了老师之后还在继续不断学习，到处向名师请教并勇于自我实践，对数学教学有较深的理解，解题能力极强，无论是哪个省的数学高考题，在高考规定的时间内都能取得 140 分以上的成绩。他对校内外的老教师都很尊敬，但又能及时以小辈的身份对他们的不足甚至是错误提出自己的看法。每个年级的考试题他都认真审查，不合适的、有错误的，他都给以纠正。每天他是到学校最早的老师之一，也是出学校最晚的之一。尽管他很年轻，但组内老师都很尊重他，教研组工作也越做越好。

他带头刻苦学习，这个老中青相结合的数学教研组，在他的带动下，充满了互帮互学、共同提高、勤奋和谐的教育氛围，涌现出众多优秀教师，他们的课堂教学，无论是在组织课堂教学过程还是在提高课堂教学效果上，年年都有提升，学生的满意度也越来越高。

教师是课堂教学的执行者和推动者，缺乏对课堂教学的正确认识，就很难实现真正意义上的学思课堂。在教研活动过程中，我们认为首先需要从教研观念、教研功能、教研与教学的互助关系等不同层面，去构建适合本校的教研文化。

（三）教师是教研活动的主体

教研活动的主体是教师，教研活动是教师之间的交流与互动，教研活动的过程是教师与课堂教学共进共育的过程。在教研活动中，可以有教师的经验介绍和总结，但更重要的应当是教师共同出谋划策解决在实际课堂教学当中所遇到的困惑和问题；可以有个别老师的课堂教学案例剖析，但不是简单的"导课与评课"，而应当是教师之间的"研讨与探究"；可以有优秀教师个人教学行为的展示，而更多的应该是教师群体智慧对课堂教学的认识、理解、合作与升华。

在通常的教研活动中，过分强调了教研活动对教师的自上而下的单向的指导性培训以及对课堂教学、考试评价等方面的"导"的功能，过分

关注对课堂教学和对教师本人教学情况进行的分类和分析、对学生考试结果的排序和分析；在教研管理上强调整齐划一：统一教学进度、统一考试等。一般的都是自上而下的一种单向指导，参与教研的教师基本没有话语权。这样做的结果远离了教师本身对课堂教学研究的需求，降低了参与教研活动的积极性，对课堂教学起不到教师希望的研究和指导效果。

我们提倡的教研活动，更多的是关注培训与研究的过程，关注在研究过程中教师是否真正参与并有所收获。对课堂教学的实效是否有推动作用，教师自身是否得到了锻炼和提高，是否能生成教师植根于实际课堂教学的有效的教学策略。

我们提倡要首先了解教师在实际课堂教学中的需求，进行有针对性的教研活动。把先进的教育观念有效的和课堂教学联系在一起，让参与教研的老师有发表自己意见的机会，形成教师喜欢参加的、对教师的课堂教学有现实指导意义的教研活动。由于时代的进步，教研活动可以形成一个"教研网络"。这个"教研网络"具有以下两大特点：一是借助教育教学各方面的力量，通过信息技术，建立强大的学科教研资源库，每个老师都有义务向这个资源库输送有价值的资源，实现全体学科教师资源共享。二是教研组能直接为教师提供帮助，支持教师的课堂教学行为。教师人人参与，为教学服务，体现"以教师为本"的教研指导思想。也就是前文我们说的让教研组成为教师课堂教学的"营养包"，这样就可以大大增加教研活动的新内容。例如，对课堂教学的评价，在传统的教研活动中，评价教学工作、评价课堂、评价学生学习，过多的是自上而下的评价。教师、学生的参与很少，对教学的实际帮助不大。我们现在提出的评价，是要更好地使评价为教学服务，为学生的全面发展服务。在评价体系中应特别强调评价的过程、评价的人文性和评价维度的全面性。让这种评价成为促进教师的成长和学生的发展以及学校办学水平的提高的有效推动力。怎样实施这样的评价？怎样评价教师的教学过程和学生的学习过程，特别是在教学过程中隐性的情感、态度与价值观环节？各个学校应有符合自己情况的实际要求，让每个教师都有发言权，经过研究讨论，达成共识。类似这样的教研活动，教研组内的老师是高兴参加的，所以，这也是发动全体教师结合实际情况，为提高课堂教学质量的有力措施之一。

这里要特别指出的是研究课堂教学，研究教师的教学行为和学生的学习过程仍然是教研活动的重要内容。关注课堂教学、关注教师的教学行为、关注学生的学习过程，对这些问题开展积极的研究，始终是教研工作的重要内容。通过一次次"研究课"，展开课例剖析，是提高教师水平的最有效途径之一。深入课堂，对教师的教学做深入研究，观察学生的学习情况，以进一步研究教师的教学行为，是促进教师专业发展的重要手段。

"课堂案例教研"是很有成效的教研活动之一。由于教师是课堂教学最直接的实施者，他们关注的是课堂教学各个领域的教学目标如何落实到教学过程之中。如教材怎么分析、先进的教学理念怎样体现、课堂教学发展性评价如何实施等现实问题。他们需要范例、需要观摩、需要研究。

而现在的一些各级的、各科目的教学比赛，或者示范课、观摩课，都重在追求一种完美的效果。虽然说这也是需要的，但因为这种比赛，尽管是一堂精彩的示范课，往往是一大批有经验的教师和专家，为一个青年教师专门量身打造的。当然这位青年教师本人必须是优秀的，否则也无法理解和执行专家的指导，在不断反复修改和打磨的过程之后，这位青年教师最后按专家的意见进行课堂教学表演。所以，提供出的这种"示范课""观摩课"案例，一般都是理想化的课堂教学，实际操作价值不高，常常让听课的老师有一种"做秀"的感觉。这样的"示范课""观摩课"只能是局限于一种观赏的价值和形式。

我们提倡的"课堂案例教研"与这种形式不同。我们提倡现实的、原汁原味的课堂教学观摩。成功也罢，失败也罢，它只在于给参与者以启迪和反思。提供"课堂案例教研"的教师本人没有心理压力，其他老师和研究者更没有心理负担。只是重在对课堂教学的认真分析、研究和借鉴。对案例的成功与不足，可以各抒己见，大家共同研究和反思，达到促进

教师共同成长进步的目的。我们还可以采用合作式教研，采用多种形式的联合教研方式，让每个教师都有展示自己才华的机会和平台，充分利用所有教师的优点，最大限度调动所有教师的教学积极性，这样最容易解决教师在教学中的实际困难，也不断为我们的理论研究提供丰富的教学案例，教师之间也真正形成了互动研究，达到了相互启迪、共同提高的目的。

过去的教研形式由于时代的限制，多是静态的、封闭的、传授式或说教式的。一般是以由教研员主讲的形式进行。形式单一、呆板，缺乏生气与活力。

现在教学手段发生了很大变化，倡导学生对课堂教学的自主参与、师生之间的民主平等、合作探究等。对于这种新的对课堂教学的要求，那么也就自然产生了教师之间、学校之间甚至地区之间的合作教研、主题教研、案例教研等多样化教研方式。在这种教研活动中，如同对课堂教学一样，全体教师是平等的、互动的、主动与合作的。我们提倡教师主动参与式教研，以典型课例为线索，以参与研讨为核心，以教师的原有经验为研究基础，以教学实践中的突出问题为切入点，以参与教师的自我领悟、自我提高为目的，使教师在主动参与中，在各种观念的争论与交锋中，提高认识，达成共识。

这样的教研活动具有如下特点：教研内容与教师的教学工作和原有教学经验紧密结合；充分接纳教师的各种观点，并在对各种观点的相互探讨与研究中形成共识；教师共同思考在研究中提出的各种问题，并用集体的智慧把它升华为适合自己学校、自己班级的行之有效的教育理论与教学行为，促进所有教师的共同进步。

教研形式必须与时代同步，在可能条件下，还可以进行虚拟网上教研。要求尽可能多地结合实际内容进行有效利用现代化教育技术下的多媒体和网络等手段，对传统教研方式进行突破。因此，设立虚拟网上教研活动，开展网上教研，利用现有的软硬件资源，建立或开设各个优秀教师的特色教学工作室，让更多的教师参与教研与评价，发挥网络技术在现代化教育理论教育实践与教师之间的纽带作用，不仅是现实的而且也是时代的需要。

（四）建立有效的教科研课题

现在社会上有很多各种基础教育的"课题组"，自然良莠不齐。学校在参加"课题组"的时候一定要认真研究、考察是否符合自己学校的实际。应当重视所参加的"课题"研究是否对学校有实效，而不是一味追求所谓"课题"的"级别"。否则课题研究也就被"功利化"了。

当然，课堂教学的确需要认真研究。"课题"应该是在教育教学当中发现了问题，需要研究解决而设立的。特别是学校参加的课题，一定要针对解决本校的问题，科学地进行研究、交流和总结。从而提升和落实本校的办学思想，为学校的发展服务。

北京师范大学成都实验中学就是这样做的。他们在新课程理念下，在如何进行有效的课堂教学中发现了问题。于是在校长刘增利的带领下，于 2004 年秋天成立了"新课程理念下，学校课堂优化实践研究"的课题研究。在全校教师积极、认真地参与和研究下，经历了四年的艰苦努力，不但有丰硕的研究成果，而且直接对课堂教学产生了积极的推动作用，在 2008 秋天做了结题，并得到了成都市教委的肯定和表彰。从那时开始，一直坚持到现在，每年都有学校的"科研年会"，"教学"与"教科研"紧密地联系成了一个整体。

在这一部分的开始，我们就说，教研组应当是组内所有老师课堂教学的营养包，如果我们的老师都能按以上的办法做，各个学科教研组就会真的成为老师们最喜欢的营养包。

在这里，最后必须要强调几句的是，就是在一个优秀的、特别富有生命力的教研组内，也可能会出现个别的"不称职的教师"。原因可能很多，我想最主要的就在于教师的"课堂教学"工作有很大的"个体劳动"成分，教师本人必须有能够把各种有益于自己教育教学的东西，内化为适合自己教育教学行为的能力。于是，问题又回到了提高教师的综合素质这个根本问题上来了，提高教师的综合素质还是解决问题的根本。

第三节　丰富有效的学思课堂

一、以中学数学教学为例谈学思课堂的教学

（一）必须对所教的学科有整体的认知

现在我们以中学数学学科为例（其他学科可以类推），谈一下这个问题。

在中学数学课上，一定要坚持抽象性、逻辑性、精准性和广泛的应用性，也就是说，概念（抽象性与逻辑性）是数学的灵魂；运算是数学的生命。

首先数学教师要认识到数学本身是一种工具，是一种把自然现象、社会现象法则化、条理化、符号化的工具。基础数学教育的一个重要任务就是，让数学教育密切联系现实生活，能让学生明确认识到数学理论是建立在从生活中累积起来的经验基础上的。发展了的数学理论又被广泛应用于解决实际生活中的问题、再从现实世界中汲取营养，获取更大的发展。近年来，某些数学老师特别地关注"数学的生活化和生活的数学化"，他们几乎要为每一个数学理论都找到它的实际生活背景，以显示这些数学知识确实来源于生活，是真实的；也同时要为每个数学理论寻找一个实际生活中的应用实例，要让学生知道学习这些数学知识是有用的，以此来说明，是应该努力学习数学的。过分地强调了数学知识与现实生活的联系，事实上，这是不妥当的，是企图让学生建立一个"生活即数学，数学即生活"的不准确概念。

事实上数学不仅仅建立在生活经验基础之上，通过实际应用，再获得更大发展。即数学不仅要研究那些直接从现实生活中抽象出来的数量的关系和空间形式，而且更要研究那些已然形成的数学的基础概念所引申出来的、定义出来的新的数学关系和形式，逐渐形成数学学科体系。比如，几何学起源于古埃及尼罗河河畔对田亩地界的划分和勘测，但几何学的发展，却是由希腊人对古埃及人的丈量土地经验的再认识与提升，得到了突飞猛进的发展，逐渐形成了完整的几何学体系。可以说，正是数学工作者对现实的超越，数学才取得了无限的发展。数学不仅有实际生活背景，更有它自身的、不断发展的因果关系体系和逻辑关系体系。

数学理论的现实应用，就其本身也有很大的"相对性"。数学概念所论及的一般是理想状态，而应用的环境却可能会与这个理想状态相差甚远。比如让初中学生去计算一块不规则土地的面积，而学生只有理想化的凸多边形的面积计算方法(这个凸多边形还必须能分割为已知的诸如三角形、长方形、梯形图等)。因此，虽然数学应用十分广泛，然而由于学生年龄和所学知识的局限，要求每个数学知识点都有它的实际应用，那是十分困难的。同样，对每一个知识点，都能找到产生的实际生活背景同样是一件困难的事，有时硬要拼凑出一个实际应用或实际的生活背景，常常会使数学本身很尴尬。因此，过分地强调数学来源于生活又应用于生活，有时是有点片面的，甚至也是不恰当的。中学数学教师只要不放过每一个可以展现数学与实际生活现象密切联系的机会，并且捕捉到这个机会进行教育就足够了。

数学的最本质特点就是抽象，当然我们多门学科都有它抽象性的一面，而数学则比其他学科的抽象程度都要高，因此，一个数学概念的产生，往往一时找不到它的实际应用，需要等几年，几十年，甚至上百年才会找到它在现实中的应用。

数学的抽象性能帮助学生抓住事物的共性与本质。把实际生活问题转化为数学问题的过程，就是一个科学抽象的过程，它要求学生善于在观察现实生活中把问题的主、次分清，抽取出主要因素，主要关系和形成数学问题的主要过程。显然，这种习惯如果能升华为一种能力，那就是养成了数学的思维方式，也就是我们说的"数学的"想问题。它可以应用到数学之外的任何学科领域。

教师应当不断地引导学生们去回忆他们小时候开始学习数学的情景，

以此让学生更了解数学的本质。学生们在回忆他们还是在幼儿时代，他们就逐渐开始学会了把日常生活中的现象进行"数学的"抽象过程：在上幼儿园或小学一年级时，他首先学习了：

1 个苹果＋1 个苹果＝2 个苹果

1 个西瓜＋1 个西瓜＝2 个西瓜

然后老师会问：

1 个苹果＋1 个西瓜＝？

学生们不会了，因为苹果和西瓜是不一样的，于是老师提示：苹果和西瓜是不是都是水果啊？这样学生的思维被推进了一步：

苹果是水果；

西瓜是水果；

而 1 个水果＋1 个水果＝2 个水果，

于是学生们认识到：

1 个水果(苹果)＋1 个水果(西瓜)＝2 个水果

学生逐渐开始了对日常生活的数学抽象，

……

在这样的循序渐进中，学生们学会了：

1＋1＝2

学生们清楚地知道，在这两个"1"的后面都隐藏着共同的单位。这样就很自然地完成了由生活现象到数学概念形成的抽象过程。事实上，小孩子从开始学习数"数"的时候，就已然开始了从生活到"数学的抽象"。

我们都知道，"数"本身就是一个抽象概念。数字"1"可以表示你所想到的任何"一个单位"的东西。同样，图形中最简单的点、直线、平面也是一些抽象的概念，是一些只能意会不能言传的古老原始的数学概念。在这些原始概念的基础之上，再逐步形成正数、有理数、函数、平面几何、空间等抽象程度更高的数学概念。

当然，必须让学生明白，抽象不是数学独有的特征，几乎所有学科都具有抽象性，然而数学的抽象有它的特点：数学的抽象是一步一步逐渐提高抽象水平的。比如，小学时学会了对"数"的抽象，初中完成了"用字母表示数"的抽象、高中完成了对"函数关系"的抽象等。数学的抽象程度远远超过了其他学科的抽象程度；另外，在数学的抽象中只保留了"数量的关系与空间形式"，而不在意它所表示的其他含义。再者，数学几乎仅限于在数学内部已建立的抽象概念的相互关联、迁移和推进。而数学家证明新的定理，一般只需要逻辑推理和精准的运算。从这个角度看，不仅数学概念是抽象的、渐进的、思辨的，而且研究、学习数学的方法也是抽象的、渐进的、思辨的。

数学概念就是数学抽象的完美表达。通过严谨的逻辑推理和精确的数学运算，再使数学的抽象更深刻地发展、延伸出新的数学概念。

因此，我们说概念是数学的灵魂，运算则是数学的生命。也就是说，数学是由一个个抽象的数学概念组成的，对数学概念不能准确地理解和认识，当然也就不能学习数学。而一个数学概念到另一个数学概念的迁移或延伸，一般来说，就是通过精准的数学运算或推理来实现的。如果不能进行精准的数学运算，数学的生命当然也就结束了。

有些数学教师在数学课上，往往特别重视对数学概念的阐述，而忽略了对精准运算的示范和要求，这显然是不对的。进行严谨的数学推导和精准的演算，和对数学概念的准确理解一样，也是锻炼学生思维的智力活动。

马克思说"数学是思维的体操"。在这里，思维绝对不是单指那些被数学抽象化了的概念的认识与理解，还有通过精准的运算由一个数学概念向另一个数学概念的迁移。所以，数学学习可以提高学生的抽象水平，增强学生的思维能力、逻辑推理能力和辩证思维能力。因此，数学不仅仅是有实用价值的工具性学科，更是一种科学思维的工具。作为科学思维的工具，数学在学生的学习过程中，显得尤为重要，绝大多数学生毕业后不会考数学系，就是考入了数学系学习也不见得从事纯数学工作，成为终身的数学工作者。所以，我始终把培养学生形成数学的想问题，养成良好的科学的思维习惯和准确科学的运算能力作为数学教育的重大任务。一个学生的数学素养并不仅仅表现在能够解出多么难的数学题，或数学考试考多少分，而是看这个学生是否真正领会了数学的精神、理

解了数学思想并形成他个人的科学思维能力，并把这种能力融入他毕业后的生活、工作中去。

我们还要再说一下被很多数学老师忽略了的数学学习中的运算问题。教师必须要让学生明白在数学学习中运算的准确性是非常重要的。这是中学数学教育中，与认识数学概念同样重要的另一个特点。学生们通过数学运算，对数学所表现出来的精确性深信不疑。数学中的严谨推理和一丝不苟的运算，使得每一个数学结论都是可信的。在数学结论的推导过程中，又能强化、集中学生的注意力，让学生时时处处精细和谦虚，能够激发学生追求真理的勇气、更能树立他们解决问题的信心和进行独立思考、认真工作的能力。这样，数学的学习也就更注入了深厚的人文素质。在学习数学过程中，大多数学生也同样是不喜欢运算的，他们也总认为运算是小问题，有时运算出错了，他们也不以为意，总认为在关键时刻他们都是可以算对的。其实这是一种天真的想法，平时运算得不精准，自然会严重影响数学的学习，在关键时刻，也会由于平时疏于训练而出错。要让学生重视运算能力的提高，教师必须首先要重视，每周至少一次在课堂上给学生示范运算过程，让学生看到是如何进行科学简捷运算，达到精准的目的的。

下面是在解一个解析几何题时，其中的一部分运算，老师要在黑板上板书，给同学们看，如何才能做到科学的、准确的运算，树立一个榜样：

从下列方程组中求出 x_1，y_1（用 x，y 表示）。

$$\begin{cases} y(x_1+\sqrt{2})=y_1(x+\sqrt{2}), \\ y(x_1-\sqrt{2})=-y_1(x-\sqrt{2}), \end{cases}$$

要让同学们养成在运算时"先观察，后下笔""宁慢不错"的好习惯。也就是要先认真看一看，如何下笔运算最合适，最能保证运算的正确性。观察之后，同学们会发现，把两个方程等式的两边分别比一下，可以约去 y 和 y_1，于是得到：

$$\frac{y(x_1+\sqrt{2})}{y(x_1-\sqrt{2})}=\frac{y_1(x+\sqrt{2})}{-y_1(x-\sqrt{2})},$$

$$\frac{x_1+\sqrt{2}}{x_1-\sqrt{2}}=\frac{x+\sqrt{2}}{-(x-\sqrt{2})},$$

这样就可以求出 $x_1=\dfrac{2}{x}$.

（如果没认真观察，盲目把分式打开，计算会很烦琐。）

再把 $x_1=\dfrac{2}{x}$ 代入 $y(x_1+\sqrt{2})=y_1(x+\sqrt{2})$，就得到了：

$$y(\frac{2}{x}+\sqrt{2})=y_1(x+\sqrt{2}).$$

再认真观察这个代数式，如何有效化简。先变形为：

$$y\frac{2+\sqrt{2}x}{x}=y_1(x+\sqrt{2}),$$

可发现等式两边再变形后，有约分的机会（如果没发现这个约分，一味算下去，不但过程繁杂，而且极有可能算错）。

$$y\frac{\sqrt{2}(\sqrt{2}+x)}{x}=y_1(x+\sqrt{2}).$$

现在可以把等式两边的 $(x+\sqrt{2})$ 约分了得到：

$$y_1=\frac{\sqrt{2}y}{x}.$$

于是得出：$x_1=\dfrac{2}{x}$，$y_1=\dfrac{\sqrt{2}y}{x}$.

教师在课堂上给学生做科学准确的运算榜样是十分重要的。有些教师忽略了这一点，一味地责备学生运算不准确，是不对的。教师不但要批评一些同学的运算不准确，更重要的是要告诉同学，如何运算才能准确。

数学的广泛应用当然也是数学的重要特点之一，由于在中学学习的数学知识的局限性，对遇到的生活中的问题还常常会暂时束手无策，但教师必须要能抓住一切机会，让学生去深刻体会数学的应用价值，并与学生们平时学习的物理、化学、生物等学科进行有益的科学联系，让学生们体会到任何一门科学，离开数学都会有"英雄无用武之地"的感觉。

我们说数学课主要是让学生培养良好的数学思维习惯和思考方法。那

么什么是数学思维习惯和思考方法呢？

我认为要有以下这样几个特点。一是能在观察近似的许多不同的现象中，抽取出共同的性质来进行研究，即数学的抽象性。二是能将通常的自然语言所叙述的事情转化为数学语言，数学语言可以把自然语言中抽取出的数学问题符号化，即数学的符号语言，它深刻、简洁、有效地揭示了自然语言中的数学本质问题。这种数学符号语言是国际性的，具有表述和计算两种功能，无论是中国人还是外国人都能知道和使用。比如，看到了符号 $y=f(x)$，都知道 y 是随着自变量 x 变化而变化的函数。三是使用归纳与演绎两种思维方法相互交替、相互补充来思考问题。从条件、数据、图形等不完全和不一致的原始资料出发，进行整理、筛选、推理，进而抽象并得出相应的结论。四是在整个思维过程中，要考察所有的可能性，并从中选出最好的解决办法，继而得出最科学的解答。五是对现象进行感性到理性的分析，从中抽象出数量关系或空间形式，把生活问题转化为数学问题，并予以解决。六是数学是空间形式与数量关系的学科，中学数学也不例外。代数以研究数量关系为主。代数学培养了学生们的推理运算能力；几何以研究空间形式为主，几何学使学生们学会了逻辑推理能力；解析几何、向量则是数与形的完美结合。七是感性的分析与理性的升华不断交替，形象思维与逻辑思维的交替，逐渐完成对事物的认识过程。

我们一般是以视觉思维为主导的，它培养我们的观察力、洞察力、逻辑推理能力等。在数学中则表现为空间形式的观察与学习。数量关系的学习与研究则使我们的思维科学有序并且能够用简洁符号进行运算。两者的结合，也就是形象思维与逻辑思维的结合，在学习数学中得到了良好的培养和训练。

（二）学思课堂可以优化数学课堂教学

应该说人们认识"数"，是从有商品交换时期开始的。当猎人们打了两只兔子、两只羊、两只野猪的时候，他们发现，尽管物种不一样，分别堆放起来，似乎有一个共同的地方，在"量"上是相同的。于是人们萌发了对"数"的概念，对"同样多"的物种，逐渐把它们量化，用"数"来表示。由于人有 10 根手指，这样对应 10 根手指来记录"同样多"的物种，就成了顺理成章的事。这就是关于"十进制"产生的一种美好传说。

因此，数学知识是一种人为地把生活现象合理抽象的科学，它反过来又应用于解决生活中的问题。现在任何一个学科都离不开用数学方法表示它的内涵和进行科学的量化。学习数学，当然要从学习已经传习了几百年甚至于上千年的数学知识开始，这些数学知识都是以文字记载下来和传承下来的。

现在特别强调数学课上要突出知识的发生过程，很多教师于是便误认为是要给学生"重现"当初某个数学知识被数学家发现的过程。这是很难做到的。其实，至于某个数学知识最初发现者到底是如何想出来的，可能谁也说不清。作为数学教师，在课堂上讲解这些知识，只是根据教师本人的综合水平，根据数学的规律和当代学生认知特点，以个人的认知水平，"以数学家的身份"重新加以呈现，讲课是数学教师对相应知识的"再创造"过程。

上数学课要突出知识的形成过程，让学生体验到数学家发现数学知识的过程。说白了，这就是要求数学教师在讲课的时候，对某些有价值的、重要的数学内容，能根据相应知识的特点"再创造"地呈现给学生。这当然与教师本人的综合素养有极大的关联。这就要求教师努力去寻求那些知识的思维亮点，科学的再创造知识的形成过程，让学生能心悦诚服地接受这个教师的"再创造"。

例题要浅显，要能深入浅出，课堂上的例题是"包裹"所讲的概念的，要紧紧围绕所讲述的概念，也就是说，例题要突出概念的准确理解和具体实际应用，使得概念在例题中得到落实。为了让学生能清晰简捷的认识到概念的应用价值，为这个概念服务的例题必须是简捷并且有代表性的。让同学们在课堂上和教师一起完成例题的解答过程中，能准确理解概念并认识到概念的应用价值和形成对概念有效的应用思维方式。

对于教材的处理，教师必须要有自己个性的体现。在保持知识的科学性的基础上，教师应当有便于学生体会认知的"再创造"。当然，这种

再创造必须是合情合理的，有说服力的。

数学的美，就体现在它的抽象、严谨和运算的准确性上。生活中的许多鲜明的事，通过抽象的数学化之后，就会变得非常严谨。

走进购物中心，虽然每个人脚的大小有千差万别，但在买鞋的地方，总有"数学化"的标有"尺码"的鞋与你的脚相对应。也正如每个人的长相身材各不相同，但在量体重的"称"面前，都有一个相应的"数字"来表现你的体重。在古典力学中，牛顿用代数式 $F=ma$ 来传达了他的物理思想：对一个质量一定的物体，那么它的加速度 a 和它所受力 F 之间有正比的关系。于是，一个物理问题被抽象化了，并能用这个抽象化的公式进行精准的计算。孤立地看 $F=ma$，它就是一个数学中的代数式。当对字母 F、m、a 给予特定的物理意义之后，就用高度浓缩的数学语言刻画出了物理世界的一个基本力学结构。$F=ma$ 便成了举世闻名的牛顿第二定律，于是数学的抽象美、严谨美、简洁美就通过 $F=ma$ 充分地展示出来，并能用它进行精准的计算。再比如，美丽的大自然物理现象"虹"和"霓"，从数学角度看，是两条度数不同的弧，并且从内到外的颜色排列顺序不同。"虹"是 42 度的弧，紫色在内，红色在外；而"霓"是 50 度的弧，红色在内，紫色在外。这也是实际的物理现象与抽象的数学表示又一次的完美结合。这样的例子举不胜举。在数学课上，应当让学生们能每时每刻地感悟到这一点，无论将来他往哪个方向发展，能学会"数学的"想问题，都是非常重要的。也就是培养学生如何由简单到复杂，由特殊到一般，由具体到抽象，由松散到严谨，由认识图形到严格的逻辑表述等有层次、有条理、有逻辑的思考问题的方法，形成学生的优秀的思维品质。当然，这就要求教师首先具备这样的思维品质，并能结合教学，有效地应用在课堂教学上，让学生自然而然地接受新知识。

例如，高一学生还不具备很好的抽象思维能力，在学习抽象的函数表达式 $y=f(x)$ 时，就会遇到困难。对于高一学生，我是这样讲函数的。由于学生们在初中时，已经学习了用语言描述函数概念，并具体学习了一元一次函数、一元二次函数、反比例函数等知识，只是缺乏用抽象符号来表示的能力。高一数学的任务，就是要在初中学习的基础上，认识、理解、应用用数学符号"f"抽象的表达函数：$y=f(x)(x\in A，y\in B)$。

我上课的原则是，让学生在原有知识的基础上，逐渐接受新知识，把新知识看作是原有知识的自然延伸。

第一节函数课

1. 首先引起学生对初中"学习函数的记忆"，请同学们用自己的语言描述函数的概念。

2. 请学生举出他们所喜欢的或熟知的函数。利用曾学过的 $y=2x+1$ $(x\in\mathbf{R}，y\in\mathbf{R})$进行剖析，并得出 x，y 的取值范围。

板书：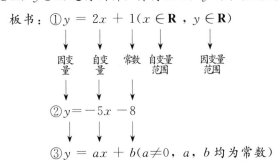

让学生用语言描述板书上的式子的具体含义，

对①：自变量的 2 倍加 1 是函数；

对②：自变量的 -5 倍减 8 是函数；

对③：自变量的 $a(a\neq0)$ 倍加 b 是函数。

对①、②、③的综合描述：函数 y 随着自变量 x 的变化而按一定规律进行变化。一元一次函数可以用 $y=kx+b(k\neq0)$ 表示。

这样，初步形成了由具体到抽象的思维转换。

再继续引导学生把"函数 y 随自变量 x 的变化而变化"，这个数学语言用数学符号"f"来表示：

$$y=f(x)，$$

这里"f"就是一个符号，它表示了函数 y 是随自变量 x 的变化而变化的这样一个事实。

再板书（写在黑板中间）

$$y \quad = \quad f \quad (\quad x\quad)$$

函数　　　　自变量

对函数 y 随 x 的变化而变化的抽象表示，其中的等号就如同一座桥梁，而且这个桥梁是单方向的，是只能由自变量 x 到函数 y 的单向桥。这个桥又必须是单值的，由某个 x 通过"f"这个桥之后，必须而且只能找到一个函数值 y。"f"表示了自变量 x 是经过怎样的变化规律而成为函数 y 的。也就是说它表示了自变量 x 向函数 y 的变化过程。

再回到具体例子：

$$y=2x+1 \longrightarrow y=f(x)=2x+1,$$

在这里，"f"即表示"自变量的 2 倍加 1 是函数"这个由 x 到 y 的变化过程。

再让学生举例。

学生举例：

$$y=f(x)=x^2-1,$$

在这里，"f"表示了自变量 x 的平方减 1 是函数 y 的变化过程。

学生举例：

$$y=f(x)=\frac{2}{x+1}(x\neq-1),$$

在这里，"f"表示了自变量是 $x(x\neq-1)$ 加 1 的倒数的 2 倍的函数，这样一个由自变量到函数的变化过程。

于是，老师再问：

如果 $y=f(x)=2x+1$，那么 $y=f(x^2)$ 是什么呢？

板书：$y \ = \ f \ (x) \ = \ 2 \ x \ + \ 1$

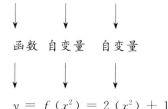

函数　自变量　自变量

$$y = f \ (x^2) = 2 \ (x^2) \ + 1$$

在这里，(x^2) 充当了自变量，函数 y 随着自变量 (x^2) 的变化而变化，$y=f(x^2)=2(x^2)+1$ 中"f"的确切含义依然是：自变量的 2 倍加 1 是函数。

到此，完成了由具体到抽象，再由抽象回到具体的整个思维过程，也就是归纳与演绎交替进行的思维过程。学生清楚地认识到了函数的抽象表达式 $y=f(x)$，特别是符号"f"的含义。在这个认识过程中，显然语言、板书，特别是板书上随时所画的箭头，在形成由具体到抽象的过程中，它呈现了思维过程，起到了形象的显示教学过程的重要作用。

概念是数学的灵魂，呈现、认识、体会、理解、记忆概念的过程便是形成数学思维的过程，也是培养学生形成"数学的想问题"的过程，当然也是提高学生"思维品质"的过程。教师讲课一定要有"思想"，要把数学是如何想问题的呈现出来，感染学生，逐渐让学生学会有效地思考问题，形成学生的优秀个性思维品质。

有的教师只喜欢按教材"照本宣科"，让学生死记硬背那些定义、定理，让学生成了只会背"书"的机器，没有认识过程，没有理解的深度，更没有形成个性的思维品质，当然也就更谈不上应用了。

我认为，教材只是按课程标准的指导，提供了一个供师生用的知识框架和顺序。在这个教材的框架之内，教师应该按本学科的学科特点，结合学生的情况，对如何呈现知识的顺序、方法进行再创造。教师上课如果只是在照本宣科，那么，知识的呈现肯定引不起学生的兴趣，更达不到启迪学生智慧的目的。其实这和曲艺演员"说评书"有一点类似。例如，评书名家连阔如说《三国演义》，他肯定不是在念《三国演义》，如果真是在念《三国演义》的话，恐怕谁也不听评书了。与其听他念，不如我自己去读《三国演义》。连阔如说《三国演义》之所以受欢迎，我想其中一个重要原因就是他把"念"改成了"说"。这个"说"就包含了连阔如本人对《三国演义》的独特见解。其中对每个人物的形象，每个历史事件的阐述进行了他个性化的"艺术再创造"。他说的评书《三国演义》源于小说《三国演义》又高于小说《三国演义》，把人物都说"活"了，让所有听众犹如身临其境一般。这样，听众也就自然而然地一天接一天很有兴趣地听下去了。

　　教师上课也应该是这样的。教材是讲课的依据，但如果一成不变按教材去上课，内容的叙述一样、例题一样，其实，就是把相应课本的章节，来一个"板书翻版"。学生打开书一看，黑板上写的与课本上的一模一样，甚至连例题的解析过程都一字不差。这样讲课，怎么会引发学生兴趣呢？学生自己看教科书就行了，还用老师讲课做什么呀？这样，学生当然就不想听课了，或者做个人想做的事。我在听这样的数学课时，甚至会想这位老师总拿着教案或课本在黑板上抄呀抄的，他自己是否真的懂了？他有自己的思想吗？

　　我认为，凡是书上有的，没有必要非抄到黑板上。留在黑板上给学生看的，应当是有利于学生认识、理解相关知识的老师再创造的教学精华与成果。课本上所提供的例题，顶多用一少部分。教师需要参考各种教学参考书和各种相关教学资料，亲自编写更符合学生实际需要的例题。这样做，由于教师上课讲的内容课本上没有，学生会觉得有新意，也就有兴趣听下去。学生回家再阅读课本时，那些没有在上课时讲的例题才会有新鲜感，与课堂内容相对比，才能留给学生更多的思考空间。

　　作为教师的确应该多向各行各业学习与借鉴，让我们的课堂教学更丰富、更吸引学生、更能有成效。再回到评书《三国演义》，厚厚的一大本小说《三国演义》，每天只讲半小时，要讲几个月才能讲完。为什么还有很多人每天都等候那半小时的"说书"时间呢？其实就是说评书的艺术家，满足了听众的心理需求。而且能做到在每天"说书"的半小时之内，绝无半句废话，也决不会延误时间。由此及彼，反思我们教师，有一些教师讲课总爱凭自己的个人喜好东拉西扯地"跑题"，同一个单元内容，几节课之间缺乏必要的连贯与沟通。有的教师对上课时间把握不精准，下课铃响了还在扯着嗓子让学生"注意这个""记住那个"，其实学生的心早跑了。这样不仅耽误了学生的休息时间，还起了负面的效果，还让学生对这个教师有了厌烦情绪。

　　教师也应该在整体教学过程中，吸取有益的艺术精华，好好设计对某一段知识，如何有效地分为几个部分，在哪节课应该留下伏笔，在后续的那节课能和这个伏笔相呼应。每节课的高潮是什么，如何把学生的兴趣调动到最高时戛然而止，让学生能回味无穷地盼望着上下一节课。如何能在下课铃响前一两分钟便结束课程，让学生有意犹未尽的感觉，又不影响学生的休息。所有这一切，又回到了我们的前提：教师是为学生的健康成长服务的，教师如果没有这一点职业道德，当然也就失去了对教师的精益求精的追求。

在实际生活中，教师应当多自觉观察与所教学科相关的事物。我是教数学的，就会努力把周围的生活能与数学相联系的地方积累起来，在需要时应用到课堂教学上。例如下面的图片，让学生先看图片，再抽象为数学。

图 2-8　校园喷泉

图 2-9　校园喷泉抽象为抛物线

图 2-10 对生活小区的数学抽象

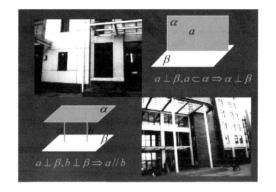

图 2-11 对学校教学楼的数学抽象

这样的收集是为了丰富我的课堂,让学生能亲自体验到"活"的数学魅力。

再讲一个我给 7 年级教方程的例子。7 年级的学生已经习惯了小学阶段学习的用算术办法解决生活中的应用问题,现在一下子要建立方程的概念,用方程解应用问题,这是一个提高、升华、抽象为一个新概念的过程,虽然很难掌握,但由于方程在后续的学科学习中都有很重要的地位必须学好方程。所以,教师一开始就要让学生对"方程"这个概念有准确的认识和理解,这是十分重要的。下面是我对"方程"第一节课的构思。

第一节课是让学生初步建立"方程"的概念,考虑到 7 年级学生的年龄特点,设置的问题一定要简洁。事实上,越是简洁的例子,越能说清道理,也更便于学生认识和记忆。

师:现在咱班同学小明有 2 个苹果,我和小明一共有 10 个苹果,你们说我有几个苹果？

（全班哗然，学生们都不以为然，觉得我似乎小看他们了，这是太简单不过的问题，几乎齐声回答8个）

师：哦！我有8个，你们是怎么算出来的呀？

（又几乎是齐声回答：10减去2就是8）

师：现在我们先不说我有几个，就我刚才的问题，你们能把它转述为数学问题吗？

（引导学生把生活问题向数学问题转化，课堂围绕问题展开）

生A：老师的苹果与小明的苹果的和是10个，如果小明有2个苹果，老师有几个苹果？

师：A说得很好，他把"一共有"这个生活用语转化为了数学用语"和"，同学们想想，你们学过了用"字母表示数"，能把A说的数学问题，用数学符号表示吗？

（引导学生把数学问题向用数学符号表示转化，学生讨论）

生B：在还不知道老师有多少苹果之前，我们可以用字母表示老师的苹果数，比如老师有 a 个苹果，那么刚才A说的数学问题便是：$a+2=10$。

师：B说得太好了，他对"字母表示数"这个数学概念理解得很准确，并且用一个简单的代数式 $a+2=10$ 来准确地描述了A提出的数学问题。同学们观察B所列出的代数式 $a+2=10$ 中，有什么特点？

（学生议论）

生C：在代数式 $a+2=10$ 中，a 目前是不知道的，2和10都是已知数。

生D：代数式 $a+2=10$ 是一个等式，它表示 a 与2的和是10。

师：好极了，我们把以上两个同学的发言写下来，由于目前 a 是不知道的，也就是可以看作是未知数。

板书：　　a　＋　2　＝　10　　——等式

师：在字母表示数中，我们当然可以选取任意的字母去表示数，如果这个数肯定是未知数，习惯上我们用 x 来表示，于是 B 的那个式子就可以表示为：

板书

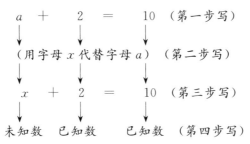

$$a \quad + \quad 2 \quad = \quad 10 \quad （第一步写）$$

$$（用字母 x 代替字母 a） \quad （第二步写）$$

$$x \quad + \quad 2 \quad = \quad 10 \quad （第三步写）$$

$$未知数 \quad 已知数 \quad\quad 已知数 \quad （第四步写）$$

（在这里，箭头表示了思维过程）

师：结合刚才几个同学的发言，大家仔细观察这个等式，与一般的等式，如 $a=5$，$a+b=c$ 有什么不同？

生 D：在等式 $x+2=10$ 中，x 是未知数，2 与 10 都是已知数，所以这个等式应该叫"含有未知数 x 的等式"。

（老师把最后这句话，填写在上面的板书上）

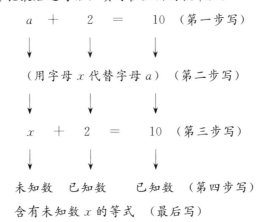

$$a \quad + \quad 2 \quad = \quad 10 \quad （第一步写）$$

$$（用字母 x 代替字母 a） \quad （第二步写）$$

$$x \quad + \quad 2 \quad = \quad 10 \quad （第三步写）$$

$$未知数 \quad 已知数 \quad\quad 已知数 \quad （第四步写）$$

含有未知数 x 的等式 （最后写）

师：D 说得很好，观察是为了发现，就是要在观察中发现它的与众不同的特点，D 抓住了两条：首先 $x+2=10$ 是个等式，其次它不是一般的等式，是含有未知数的等式，于是他给这种等式命名为"含有未知数的等式"。

（引导学生在观察中发现特点，引发学生学习兴趣）

师：咱们今天就是要学一个新名词，把这种"含有未知数的等式叫作方程"，比如：$x+2=10$ 称为方程。

其实这个方程，就是将我们说的"小明有 2 个苹果，我和小明一共有 10 个苹果"用数学符号给表达出来。这也就是用方程解决这个问题的最大的优点。

此时学生们开始频频点头，表示认可。

师：由于 x 是未知数，当然我们很想知道这个未知数是什么。

生 E：x 等于 $10-2$，也就是 $x=10-2=8$。

师：我们把刚才 E 说的写成数学式子，就是 $x=10-2=8$。

E 所说的其实就是把 x 求出来的过程，我们把未知数求出来的这个过程，叫作"解方程"，同学们想想看，其实 E 解出 x 的式子 $x=10-2$ 的右边就是同学们小学时学的熟悉的算术办法。

（学生们开始迷茫，正在用方程还是用算术解应用题的认知当中进行徘徊）

在以上的板书中，箭头表示了思维过程。

通过这个问题的解决，学生们显然更了解了"方程"的含义，也更认识到了"用方程解应用题"的优势，而且初步形成把生活问题"数学化"的思维过程：生活问题——>抽取数学信息——>用数学符号表示——>形成方程——>解方程——>还原生活问题。

而且学生们又一次确实感受到了方程比算术更为先进和简捷。

当然，这种"概念"的形成与"数学思维"的训练，不是一两次课就能够完成的，在后续数学课当中，只要遇到相关"方程"问题，就要不厌其烦地重复："这是等式吗？""等式中有未知数吗？""能构成方程吗？"让学生牢牢记住要建立方程，就是要建立含有未知数的等式。如何寻求"等式"即"等量关系"及如何合理地设置未知数，就成了建立"方程"的关键。

"概念"是数学的灵魂，教师如何能让学生准确地体会、认识、理解和应用概念，是数学课的最主要任务之一，而教师对概念的阐述一定要符合学生可接受的心理，最好能用教师自己独特的科学视角来诱导学生

的认知，例如，解析几何中讲平面上的两点距离公式：$|AB| = \sqrt{(x_1-x_2)^2+(y_1-y_2)^2}$，就是要引导学生们仔细观察这个公式：等式左边是 $|AB|$，表示了平面两个点之间的距离，这是一个几何问题。等式右边是一个代数式 $\sqrt{(x_1-x_2)^2+(y_1-y_2)^2}$，是一个代数问题。一个几何问题与一个代数式怎么就相等了呢？原来"="中隐藏着一个平面直角坐标系 xOy，点 A 坐标是 (x_1, y_1)，点 B 坐标是 (x_2, y_2)，平面直角坐标系成了一座把几何与代数联系起来的桥梁，使一个几何问题和一个代数问题能够相互转化。

板书

$$|AB| = \sqrt{(x_1-x_2)^2+(y_1-y_2)^2}$$

几何⇐平面直角坐标系⇒代数

通过这个图，我们可以看到通过平面直角坐标系，一个几何问题可以转化为代数问题；同样，一个代数问题也可以找到它的几何背景。

这种引导、板书就是解析几何本质思想的教育形态，不仅把这个公式看作了数学工具，可以计算平面上两点之间的距离，而且培养、渗透着"数学的想问题"。

二、 富有创新意识的学思课堂教学

现实中常常有这样的情况：由于现在强调集体备课的重要性，往往在一个学校里出现在同一个年级、对同一个教学内容、不同的老师在不同班级上课时，从课堂引入、主要教学内容的呈现到例题的选择和讲解以及留课后作业，几乎都一模一样。在整个课堂教学中，看不出教师个人对所讲知识内容的独特视角，更看不出教师本人的个人优秀思维品质。当然也看不到由于班级学生的构成差异，在授课方式上的不同。换句话说，就是所有教师照搬一个教学模子，一点也没有个人对教学的创新意识。我们经常说，希望发现学生的创造性思维，培养具有创造性的人才，要想让这不是一句理想性的空话，那么教师必须要以身作则，让学生体会富有教师本人优秀思维品质的个性化课堂。

（一）教师都有创新课堂教学的欲望和能力

事实上，每个教师都有创新课堂教学的欲望和能力，我们这里所说的"创新"，显然不是让师生去发现一个什么新知识，而是让教师从学生的认知立场上换个角度去认识、去呈现所要讲述的知识，让课堂教学更富有符合学生心理特点的科学性和趣味性。这就需要教师在课堂教学之前多积累、多思考、多琢磨，多联系学生实际。

教师在课堂上要做的仅仅是对"很古代"的知识和学生一道去把它当作"要发现的新知识"，一起合作去发现、去探讨。而这个发现、探讨"新知识"的过程，主要是由教师来设计的。这个"设计"就是教师最重要的脑力劳动过程，这种设计其实就是教师自我对教育的理解的体现，也是如何让学生了解教师、认识教师、能和教师融为一体去体会、认识、发现知识的一个教学过程。因此，这种"设计"，对于不同的教师、同一个教师针对不同的学生，都应当有所不同。每个教师都应当根据自己的个人情况，另辟蹊径，实现符合学生实际的而又与众不同的更有效的教学效果。

我去济南市汇才学校时参加了初二数学组的备课活动。备课内容是"分式方程的第一节课"。根据课程标准的要求，大家一致认定：教学重点是"对分式方程的认识和理解"，教学的难点是"处理分式方程有可能增根的问题"。并对学生情况、知识如何呈现、例题如何配备、课后习题如何处理等问题，都做了详尽的讨论和研究。

第二天我先后去教室听马瑞丽老师和张丽老师的这节课。两位老师都在昨天集体备课的基础上，有自己的创新，加入了个人的优秀思维品质。课堂教学的风格迥异。

仅在化解难点上，两个人就有不同的处理。马老师不断提醒学生们要"关注分母"。从理论、例题一直到学生自己做练习，马老师都在不断地提醒学生要"关注分母"，使"关注分母"这带着浓厚数学概念的四个字，牢牢扎根在了学生们的心中，并在具体解决分式方程的过程中，科学合理地得到了应用。张老师则是利用编制有梯度、难度不断增大的习题，

让学生一步一步地感受由"分式方程"向"整式方程"过度时，"去分母"应当特别注意的事项。两位老师所用的例题完全不同，语言各有侧重，与学生的沟通也各有特色，但却"异曲同工"的达到了"化解难点"的目的。两个班的学生都能充分认识、理解并能较好地处理关于解分式方程，有可能会增根的问题。课堂教学效果很好。

马瑞丽老师和张丽老师为我们做出了很好的榜样，这样有创新意识的课堂，当然是每个教师都希望做到的。问题就在于教师是否努力去做，因为这样显然加大了教师的劳动强度和呈现知识的难度。但是，如果教师都不具备这种创新课堂的意识和努力培养自己的创新能力，不能让学生在一个具有创新意识的学习环境下成长，怎么能培养具有创造性思维的学生呢?!

这是现在我们课堂教学中最大的弊病。老师们的勤奋，特别是青年老师，一般还只停留在如何把课"讲"清楚。课堂上的讲述，还集中在如何按传统的方式(或教材处理知识的方式)把课讲"清楚"，用规定的时间把课讲完，很少顾及学生的感受，更谈不上能用教师独特的视角"创新"传授知识的呈现方式和过程。所以，认真学习学思课堂的相关理念是十分重要的。

（二）粉笔写意唐诗

北京师范大学附属中学有位语文老师叫高流畔，他上的语文课就极富优秀的个性思维品质。有一次我去听他给学生讲唐诗，他让学生们在阅读唐诗的同时，想象诗歌的"意境"，深入理解中国诗词"诗情画意"的真正含义。他自己首先示范，一边声情并茂的高声朗诵，一边信手在黑板上画出他自己对诗歌"意境"的想象，学生们都听得入迷了，不一会的工夫，黑板上就出现了"粉笔写意的唐诗配画"。

接着，同学们也按自己对诗词的理解和想象，在纸上画出了有个人理解的"写意画"。通过这样的语文课学习，同学们自然对唐诗的理解就更为深刻了。

有这样丰富想象力的语文课老师上课，学生怎么能不喜欢上语文课?

图 2-12 教师唐诗配画

又怎么能不提高阅读能力和语文水平?

可能有的老师要说,并不是所有语文老师都会画国画,高老师只是个"个例"。这当然是句实在话,但是我们每个人都有自己的"特长",都有创新的欲望和能力,只要认真地探挖一下自己的潜力,创新课堂教学并不是一件很难的事。

(三)深山里长大的青年教师

贵州实验中学的数学老师唐昌荣,学生都很喜欢他。他的课堂教学效果也极佳。这除了他数学功底很好,工作态度认真,最重要的还是学生喜欢他极富创新意识的授课方式。他上课时,一般不会一直站在讲台上,而是行走在同学中间,时不时和同学直接对话,极富人情味,而且语言生动幽默。在课堂教学中他总是用自己的丰富想象力,焕发学生对学习数学知识的想象力。有时还会编个"顺口溜",激活学生们的想象力和引起同学的学习兴趣。比如,他在讲幂函数图像时,为了让学生记住图像的特点,他就编了一句"幂函数图像一束花,点 $A(1,1)$ 把它扎"。形象生动地描述了幂函数图像在第一象限的特点。由此看来,充分在课堂教学中发挥老师的特点,创新课堂教学并不是一件困难的事。

高老师、唐老师更可贵的是充分调动了学生们的"丰富的想象力",把对知识的学习理解过程延伸到了发展学生的"想象力"的过程。我们都知道,这种"丰富的想象力"要远比知识本身更重要。让学生学会如何用自己的"想象力"去想问题,是让学生终身受益的大事。有"丰富的想象

力"应该是创新能力的基础之一。

然而遗憾的是，在课堂教学的绝大部分时间内，老师们都在循规蹈矩地讲课，而现在教材又很少有能激活学生想象力、拓宽思维的渠道。课本也好、教参也好，提供的几乎都是"标准答案"，以这种"标准答案"为主的过分的脚踏实地教学，无形之中，就使学生的思维也渐渐"标准化"而失去了思维的活力。

当然，要让学生有"丰富的想象力"，老师必须有"丰富的想象力"，教师用自己丰富的想象力去创新课堂教学，是让学生也学会用丰富的想象力去思考问题的前提。

我们再回到高老师的语文课堂，他在黑板上"写意"唐诗，就是在展示他个人的丰富的想象力，并用此来感染他的学生，激活学生丰富的想象力。培养学生用自己的思想去学习"活"的语文知识，提高课堂教学的实效。提高学生的阅读能力，是语文课的重要任务之一，高老师就是在用他富有个性的思维品质的教学，有效地提高学生的阅读能力，培养学生把阅读到的纯文字的语文课文，内化升华为自己的认识和理解，并形成自己的思想，从而提高了学生的阅读能力。当然，提高了学生的阅读能力，也就为学生学习其他学科打下了良好的阅读基础。因为各个学科的学习是否优秀，都直接与阅读能力的高低有着紧密的关系。有时我们老师会埋怨学生读了一遍、两遍，还是什么也记不住。其实这与学生的阅读能力密切相关。阅读能力高的学生，在读的同时就已经在理解了，自然也就记住了。高老师就是用自己独特的办法，创新语文课的诗词教学，在提高学生对我国古诗词的鉴赏能力的同时，也实实在在地提高了学生的阅读能力。

所以，课堂教学的完美，缺不了教师根据实际情况对课堂教学的"创新意识"。教师必须要以科学的态度、本着"以身示范"、培养"创新人才"的精神，努力让自己的课堂教学不落俗套、常讲常新，为学生创建良好的学习环境，开启学生思维、兴趣和智慧的大门。

三、 提问要尊重学生

在日常的课堂教学中，教师对学生提问、给学生留课下作业以及课堂考试（或课堂练习）是再平常不过的事了。然而就是这些最平常的课堂教学的程序之中，也最能体现出教师对学生的真正关爱。

"脑子里永远有学生"是教师教育行为最核心的内容，它体现在教育教学的各个环节。课堂上教师对学生的提问也不例外，问题如何设置？什么样的问题要问哪个学生？学生回答问题希望得到什么样的效果？如何通过问问题的形式，激发学生的学习兴趣？如何通过上课问答的形式，不但可以保护学生的自尊心还能提升学生学习的自信心？等等。课堂提问确实是一个重要的教学环节。每一个学生都有在适当的时候展现自己才华的欲望。同样，每一个学生也都不愿意在众多同学面前，回答不出本来应当可以回答出来的问题而当众出丑，使自己的自尊心受到伤害。特别是那些性格内向、学习成绩本来就不太好的同学，他们很怕学科的弱点在同学面前暴露。

无论教师自认为做的对学生是多么公平，学生都会有自己对教师的教育行为是否公平的看法。在学生的眼里，教师都是不公平的。学生们会自己判断出老师对哪个学生更喜爱，对哪个学生不喜欢。这种判断的来源之一便是课堂提问。

因此，教师对学生的提问，常常会成为学生们课下谈论的话题，学生们谈论的话题并不仅仅是课堂上哪个问题答对了，哪个问题回答的不很正确。他们议论的话题更多的却是由课堂提问而引申出来的对教师提问的同学，哪个学生被提问的多，哪个学生被提问的少，教师对哪个学生态度和蔼亲切，教师对哪个同学态度少了一点儿温情，于是也就会衍生出学生们认为的教师对哪个学生的偏爱等。也许就在学生们的这种半开玩笑的自发的议论过程中，形成一些学生与教师在情感上的隔阂。在这些情感丰富而又敏感的青少年心里，别人对他们"自我"的认可，在他们的自尊心中占了很大的比重。学生的议论自然会成为他们"自我"评价的重要根据。而这一切，是教师上课提问时万万没有想到的，因为教师上课提问往往是随意的，只注意了回答问题的正确性，很少考虑由于提问而产生的这种学生中间的"人文"效果。

我们在刚开始时已然提过了，教学过程是对学生生命的尊重过程。

课堂提问这种最直接的和学生面对面的教学行为，当然也就是对学生的生命的尊重的最现实体现。教师完全应该想到"课堂提问"教学行为的教育功能。起码教师应当在设置课堂问题时，要明确以下几点。

第一，这个问题在这堂课当中的作用是什么？

第二，这个问题需要学生回答到什么程度？希望学生回答正确，以鼓励学生的学习情绪并承上启下的继续讲课？需要学生回答有漏洞，从而加强对所要阐述的概念的严谨的重要性？需要学生回答的不对，或回答不出来，以提高学生对问题探究的兴趣？

第三，这个问题的难度如何，根据回答问题的需要，由哪个学生回答比较合适？

第四，要很了解学生的情况，不仅是他们的学习成绩，更需要清楚学生们的心理承受能力，在上课时要随时观察学生的听课反映，要善于捕捉课堂上每一个教育契机，根据课堂的实际情况，调整回答问题的人选，在保护学生的自信心和自尊心的前提下，进行有效的提问。让提问和回答问题的过程成为良好的教育手段，促进学生的学习积极性和加强学生的学习自信心并很好地保护学生的自尊心。

然而遗憾的是大多数老师在课堂提问时，并没有这些考虑，或者是过多地提问了被老师认为是学习优秀的学生，以获得最好的答案，但却冷落了大多数学习成绩一般的学生。或者是对那些上课时精神不集中的学生，教师故意让这些学生答不出问题，以达到一定惩罚的目的。这样做的结果是，不但达不到所谓"惩罚"的目的，更达不到教育的目的，而往往会引起同学的不满，伤害学生的自尊和自信。

说到这里，我们再介绍一位优秀的青年教师，北京四中的数学教师薛海龙老师。

薛海龙老师是这个学校的初中数学教师，他深知初中数学教育对上高中以后继续学习的启蒙作用。从初一开始，他就特别注重对学生自尊心、自信心的保护，让学生从初中一开始就深深地爱上数学，学生不但要数学成绩好，更要从小养成良好的思维习惯，为中学学习数学打下良好的基础。他是一个深受学生喜爱的小伙子，课堂教学自然是很好的，他所教的学生，不但能优质地完成义务教育，而且在以后的继续学习中，都能很好地适应学习环境，不断取得新的进步。毕业后的学生们提起他来，都充满了对老师的一片感激之情。

薛老师上课的课堂提问就是非常科学的。当然这种科学的课堂提问，是建立在他对学生的热爱、全心全意为学生的健康成长服务的基础上的。他课堂提问一般都不是随意的，都是课前很认真考虑过的，都是根据课堂内容和学生的实际情况决定的。他的提问，总是以促进学生的学习兴趣、保护学生的自尊心和自信心为前提，而且安排得十分自然巧妙，从问题的设置、提出问题的过程和学生回答问题的过程，都能和整个课堂教学形成一个完美和谐的整体，达到预设的课堂教学的良好效果。

薛老师说："上课时我随时都会观察学生的眼神，从学生听课的眼神中，我就能觉察到谁想回答问题；而谁对这个问题有困难，不想回答这个问题。我总让问题的难度和学生的知识水平与思维程度基本上相适合。老师上课一定要随时关注学生的学习情绪，并能及时调整。如果看到一个学生的眼神中出现了对这个问题的迷茫，甚至有意回避老师的目光，那么他就是在告诉老师他没有准备好，当然这时就不能叫他回答问题；当然对已然准备好了，眼神显得兴奋的学生，就应当让他发言，否则，说要以学生为本就是一句空话。"

薛老师还说："学生回答问题，不仅只是答得对与不对的问题，其实回答是否正确，真不是最重要的目的。而让学生从小就养成敢于体现自我价值的好习惯才是最重要的。而且回答问题既是动脑又是动嘴，能把自己的想法说清楚，让同学都能听得明白。对学生来说，在一个严肃的环境中、大庭广众面前把自己的想法说清楚，提升自己的自信心，也是不可多得的锻炼机会。让学生能自觉地在课上回答问题，就是让他们养成敢于发表自己的意见的习惯，只要有机会，就要证实自己的实力，体现自我价值。这是现代社会对人才的一个最基本的要求之一。"

当然不是所有学生都爱发言，有的学生天生内向、根本没有回答问题的欲望。有的甚至是学习很优秀的学生，他们就是不肯主动回答问题。这时就要看老师是如何看待这个问题了。有的老师打着尊重学生选择的

幌子，迁就这些学生。其结果是这些学生越来越不爱发言，性格也会越来越内向，这对他们的健康成长会产生不利影响。优秀的教师会利用每一个教育行为的机会，及时培养学生的良好习惯。让学生在课堂上能够勇于回答问题，而且说得很有条理，这对学生来说，是一个难得的养成好习惯的机会，老师就是要为学生创造这种机会。

对于不同的学生必须设置不同的问题，以适应他发挥其能力的可能性。当然，这对于老师来说就是一件很不容易的事，要付出很多辛苦。为了学生的健康成长，老师们还是高兴去做的，特别是看到由于老师的努力，学生们确实进步了，成长了，也会觉得所有的辛苦都是值得的。

我在四中找薛老师的时候，曾经遇到了他的一个学生的母亲高女士，当我们谈到高女士的孩子时，她兴奋不已，侃侃而谈，她高兴地对我说："我的孩子是个男孩儿，从小就内向，很腼腆，人多了，一说话就脸红。比小姑娘还小姑娘，我原来老为他发愁。自从上了初中，到了薛老师班上，看着他一点点地进步，现在已经上八年级了，好多了，你看，就是他……"她随手指着在操场上飞跑的一个男孩儿，向我接着说："这可真不容易，薛老师可费了牛劲了。刚上初一时，他上课也好，下课也好，就是不说话，和谁都没话说，要这样下去，到社会上去怎么行呀？我真急呀！还是薛老师有办法，先向我了解他有什么特长，还嘱咐我不要急，不要埋怨孩子，要我多和他联系，和他配合。"高女士越说越高兴，她接着说："我听我家孩子说，这位薛老师可好了，上课提问从不让学生下不了台，什么问题由谁来回答，好像老师都算计好了，回答问题的学生总是能回答但是又不能答得全对，把学生回答问题的胃口吊得高高的。学生管薛老师叫小诸葛，说薛老师能钻到学生肚子里，谁想什么他都知道。这不，我们孩子天天回家都自觉地看数学，第二天上课好发言，和老师较劲，非要全答对了不行。……现在我的孩子开朗多了，一句一个我们薛老师……"听着这位家长兴奋的谈话，再看着远处被学生团团围住的薛老师，我真是感慨万分。家长把孩子交给了学校，如果我们的老师都能和薛老师一样该有多好啊！

霍懋征是一位普通的小学老师，更是全国著名的教育家。"没有爱就没有教育"，这是霍老师从事教育教学工作的座右铭。她说："一个老师必须热爱学生才能教好他们。"在她的眼中，"没有不可教育或教育不好的"学生。她有一次看一个学习成绩最差的学生举起手，要求回答霍老师提的问题，可是当老师问到他时，他却答不上来。霍老师后来问他为什么不会也举手时，这个学生哭着说："老师，别人都会，如果我不举手，别人会笑话我。"霍老师由此感到了学生都有一颗强烈的自尊心。她私下里告诉这个学生，下次提问时，如果会答就举左手，如果不会就高举右手。此后，每当看到他举左手，霍老师都努力给他机会让他回答，举右手时则不让他站起来。一段时间后，这个学生变得开朗了，学习成绩也有了很大的进步。霍老师悄悄地把这个方法也告诉了班里其他几个学习不好的学生，结果发现整个班都变了。

读到这里，有的老师可能会问了，如果课堂提问都这样，这可能吗？或者说这种提问是理想化了的，真正的课堂上，有一个学生不听课，睡觉了，难道老师也不能把这个学生叫起回答问题，让他清醒一下，好好听课吗？其实这些问题很好回答，我们说提问是重要的课堂教学环节，它是科学知识和人文精神充分统一和谐的一个教学环节，每个教师只要心里总有学生，想着学生的感受、想着学生的发展、想着学生还是个在成长中的孩子，需要老师们的呵护，在课堂上老师的每一句话，每一个教育行为都紧紧地联系着学生的自尊心、自信心和他的健康成长，那么上课时无论发生什么事，都会处理好的。

四、　考试要促进学生的成就感

无论什么课，要提高教学质量，课堂考试总是少不了的。然而这个考试怎么考就成了一个大问题。

考试之前，老师一定要非常清楚两件事：考试的目的和学生的实际情况。对学生来说，考试应该是检查学生是否落实了所学习的学科知识，并展示他们在这门学科的才华的方式；考试还有培养学生沉着灵活处理应对突发事件、克服困难、坚忍不拔的优秀品质的功能。对老师来说，考试则是检查自己教学目的是否达到，教学是否有漏洞和有什么不足，以

求寻找更好实现教学目的的路径。

由此来看，出一份考试题是对老师教学能力的重要考验与检测，应该是教师针对实际教学情况的教学工作的一部分。在考试之前，老师心里要有明确的目标，不同时期的考试有不同的目的。

但无论是哪种考试，教师都必须明白一个道理，那就是无论是谁，记忆、理解和应用一件事情都要有一个过程。对一件事情的记忆、理解和应用是在对事情的不断的认识、对事情的反复认识过程中才能完成的。特别是中学生，他们要同时学习很多科目，常常会顾此失彼。因此，各科目的任课老师必须给予他们足够多的关注，根据各个学科的不同特点，给学生以科学的学法指导，促使学生能全面发展。无论是哪一门课，学生们都是在老师的正确指导下，由他们自己在反反复复的实践、认识过程中，才能真正学会的。所以，老师们要有足够的耐心，对同一个知识内容，必须设计针对性很强、层次清楚的练习，让学生在反复练习中达到真正认识这个知识内容并能自我升华的目的。

举个非常通俗的例子，一个人回自己的家，总是非常熟悉的，就是在夜里，也不会走错地方。而一个人要去一个新朋友的家，则就不那么简单了，他必须向朋友问得特别清楚，才可能顺利到达。而且第二次再去的时候也不见得能顺利到达，还得努力回忆第一次去的时候是怎么走的，一不小心，也许还会走错路，然后再去问路，才能到达。如果去这个朋友家的次数多了，那么去这个朋友家也就没问题了，可以很容易到达。这个简单的生活常识，可以很清楚地告诉我们，不要认为对某个知识点，只要讲明白了，练习一次就可以大功告成，学生就完全掌握了。事实上学生是在自己的不断实践过程当中，自己悟出来其真正的含义，才能逐渐形成正确的认识并能应用的。而考试，就是学生对所学知识的一种实践，对相应知识的掌握，是不可能只进行一次实践就可以完成的，学生需要在不断的实践过程中升华自己的认识，最后形成对相关知识的真正认识和理解。

那么学生的这种学习实践过程之一的考试的试题质量，显然就是很重要的了。由于考试的试卷题目是由老师制定的，因此，老师如何制定考试题目，就是重中之重了。

那么，教师在出试题时要注意什么问题呢？最关键的还是在出题时，老师脑子里一定要有学生。也就是说，试题一定要有针对性，能促进学生的学习动力、调动学生的学习情绪，让学生在考试中有所收获，多为学生们想想。

我们还是先来认识一位优秀的北京师范大学附属中学数学教师——李贤军，他说："我在每次出考试题时，都要认真思考我教的这个班学生的情况，学习最有困难的同学是谁？他的困难在什么地方？他在什么地方学得还算可以？如何让他通过考试这种方式，找到自信，起码不能伤害他的自尊？学习最优秀的学生是谁？他虽然优秀，如何帮他克服他的薄弱环节？一般同学处在什么水平，如何通过考试，既能考出他们的信心，又能让他们从中得到教训和看到自己的不足，从而更促进他们以后的学习。我认为考试就是一种手段，一种促进学生学习的手段，我努力做到让学生喜欢考试，让学生在考试中得到乐趣，特别是考出自尊、自信和兴趣。"

由于李老师对考试有这样的认识，因此他从来不用在市面上流行的、现成的"练习册"，而是根据实际情况，自己编制题目。在试题中，哪个题目是特意出给哪个同学的，他都心中有数。因为李老师知道，每个学生都有看到好成绩的愿望、获得成功的渴望和找到自己的不足以获取更大成功的理想。教师要为学生服务，对李老师来说，这绝不是一句空话；心里总有学生，对李老师来说更是一句实实在在的话。他在学生考试之前就能估算出那个学生大概能得多少分数，让每个学生都能"各就各位，各得其所"。

李老师不但每份考试题能做到因人而异，针对性很强，能收到很好的效果，而且更注重尊重学生的认知规律，强调要做"有效覆盖式"练习，让学生在不断的反复练习中，学会自我升华。

下面是函数部分三份覆盖式练习的表格，从图中可以看出：A、B、C是三次练习，在A练习中第5、第8、第10、第13、第14、第15题，由于各种原因学生解答得不太好，需要在教师重新解讲之后再进行巩固

性练习，于是在 B 中的第 14、第 15、第 7、第 8、第 10 题和 C 中第 12、第 8、第 6、第 14 题对原来的第一次练习中的第 5、第 8、第 10、第 13、第 14、第 15 题进行覆盖。这种覆盖可以是与原题基本上一样，也可以与原题在基本概念上一样而略有变化。在题目顺序上也可以做调整和选择。让学生在覆盖练习中，修正错误，自我提高。

表 2-1　覆盖式练习表格

A 组（原试卷）	B 组（第二次试卷）	C 组（第三次试卷）
第 5 题	用原第 14 题覆盖	
第 8 题	用原第 15 题覆盖	再用原第 12 题覆盖
第 10 题		用原第 8 题覆盖
第 13 题	用原第 7 题覆盖	再用原第 6 题覆盖
第 14 题	用原第 8 题覆盖	再用原第 14 题覆盖
第 15 题	用原第 10 题覆盖	

学生们在这三次覆盖式练习中，可以达到自我升华的目的。

我们从这三份试题中，不难发现，李老师的试题 C 对试题 B、试题 B 对试题 A 都有四分之一左右的覆盖，也就是说，在试题 A 中，老师发现了学生的问题，或老师认为某个知识点还需要进一步加强认识，于是在试题 B 中就对这些知识点进行了覆盖；同样，在试题 B 中出现的问题，在试题 C 中进行覆盖。如果在试题 C 中仍出现了类似的问题，当然还可以在试题 D 中再次进行覆盖……这样把前面曾经出过错误，又必须认真掌握的知识一次次覆盖下去，到第 N 次练习时，再把前面的曾覆盖过但仍需要覆盖的知识再次覆盖，那么学生们就在这一次次的覆盖练习中，"从必然王国到了自然王国"。学生完成了自我对相关知识的认识、理解、记忆到应用。这是一种符合学生认识规律的、有效提升学生学习成绩的好办法。

教师都应当明白这样一个简单的道理，那就是对某个知识也好，本领也好，其实都是学生自己学会的，而不是老师教会的。也就是说，学生是在自己的反复实践中，自我升华，"悟出来"其中的真正含义，那么他才真正学会了。而课堂练习或者说是考试，就是学生很重要的学习实践活动。

很多教师过多地注重了课堂上的讲授，总在喋喋不休地讲，总怕讲得不到位。老师自己很辛苦，学生成绩还不如人意。于是就产生对学生的抱怨情绪，再在课堂上讲啊讲，结果还是不如人意。主要原因之一就是忽略了实践练习的重要性，脱离了学生的实际情况，忽略了科学地运用考试这样一个重要的教学环节，当然就达不到很好的教学效果了。李老师的教学效果好，除了他课堂教学质量高，自然与他的重视有针对性的考试，进行科学有效的"覆盖式试题"的练习是分不开的。

当然，教师能够做到根据学生的实际情况，为学生的实际需求量身定做的自主命题，一次次进行覆盖式有针对性的练习，老师是非常辛苦的。老师要从大量的题目中，筛选出适合学生做的习题，有的习题还要自己编制，并能一次次进行有效覆盖，这显然是对老师的学科知识水平、教学水平、师德和工作责任感的考验。这样做是对学生极大的负责，不但让学生的学习更有实效性，还能减轻学生的负担，同时也有效地提高了学生的学习成绩。所以这种"覆盖式有针对性的练习"很受学生的欢迎。

在北京师范大学附属中学数学高三备课组，教师都有很多复习资料，但学生一般都没有。学生用的复习资料与练习，都是教师们在毛玉中、罗德建等老师的带领下，根据学生实际情况自己编写的。由于针对性很强，自然收到了很好的实际效果。当然，编题的老师是很辛苦的。

既然我们是为学生健康成长服务的，那么老师无论多么辛苦，只要对学生有好处，也是应该做到的，也是值得的。老师所讲授的知识就是要在学生身上落实，让学生学有所获，这是教师的职责。

让学生能落实所学的知识，对老师来说是追求、是毅力、是品质，更是一种境界，是一种诚心诚意为学生服务、为学生负责的高尚境界。

北京师范大学成都实验中学，它的前身是成都一所基础薄弱学校，2003 年北京师范大学与成都市教育局合作，成都市教育局委托由北京师范大学主管。刘增利校长把北京师范大学先进的办学思想带进了这个校

园，在成都教育局的大力支持下，全校教职工团结合作，几年里进步很大，现在已发展为成都市很有名气。2008 年是他们学校自成立以来第一次有自己的高三毕业生。

我参与了这所学校对他们自成为"北京师范大学成都实验中学"以来的第一届高三毕业生的工作，真实地感受到了：这个学校的老师是如何把"诚心诚意为学生服务、为学生负责的高尚境界"，真实有效地落实在了学生们的身上。在高三毕业生工作中，除了很多正常的教育管理工作，高三学生的各科目的练习就很有特色和实效。平时有"定时定量"针对性很强的课堂练习不说，就光全年级的统一针对高考的练习，学校教学处就十分重视。他们要审查每次考试试题的来源渠道与科学性和针对性。讲求对学生的实效性。教学处把好试题的质量关，并和高三老师一起对每次的考试做出认真的分析。透过考试成绩的表象，寻找老师的课堂教学的不足和学生对哪些知识还落实得不够好，需要再进一步落实。如何进行有效的覆盖式练习，让学生不断地在覆盖式练习中得到实效，能自我升华对学科的认识。特别是对学生出现的共性问题和优秀学生、成绩相对不好的同学的个性化问题，都进行深入的细化研究和想出应对的办法。运用老师自己根据学生实际情况编辑的"覆盖式练习"，提高学生运用知识解决问题的能力，做到了对同一个问题最多只能错两次，决不会让学生第三次掉进"陷阱"的效果。对每个学生都做了学习档案，根据学生实际情况进行跟踪辅导，让学生的优科更优，弱科不弱。

特别要说一下的是，对学习相对困难的同学，采取"导师制"。从学校校长、党总支书记、各位主任到年级任课教师，都有相对应的联系学生(学习困难的学生)少则一个，多的三个、四个。"导师"要及时与相对应的学生联系，主要起到心理疏通和情感交流的作用。让那些学生深刻感悟到学校对他们的关怀，增强他们克服困难的勇气、树立信心。导师还要了解并解决学生的需求。由于对学生情况做到了十分了解，所以他们所做的所有练习，几乎都是自己编辑的，针对性很强，覆盖式练习也是十分准确的"覆盖"。

教师用自己对学生的责任心和实际行动，让学生明白以下几点。

第一，信任学校：我们有一个优秀的学习环境，我们学校有最优质的管理和教师的引领。

第二，正确估计自己的实际水平，有一个自己经过努力可以实现的目标，始终保持良好的心态、克服困难的勇气和健康的身体。

第三，必须要做到：不但要有理想，更要注重现实；不但要学会选择，也要学会适当放弃；只要有可能，就一定要争取；成功和失败，在前进的道路上同样重要。

第四，不断纠正自己的错误，不断向老师和同学请教，不断吸纳成功的经验，在不断总结经验中提高自己的能力。

第五，学会读题、审题；学会猜想、学会转化、学会反思；学会运用具体与抽象、特殊与一般、图形与推理相结合等优秀的思考方法。

第六，对"经典例题"要多做几次，在不断反复学习中理解、准确运用学科概念。要在不断的理解中学会举一反三，在不断的举一反三中提高自己解答学科问题的能力。

第七，习题不但要有针对性，还要定时定量。

第八，注重基础，做习题要覆盖式螺旋上升。在教师的引导下，在有效的定时定量的训练中自我升华，形成自己的学习能力。

第九，学生不要自己盲目找难题做"自我伤害"。

第十，学校老师是你最可信赖的亲人和朋友。不要盲目上校外面的高考辅导班和请家教。

显然，以上的总结，至今依然有指导学校教育的现实意义。

他们最后取得了很好的高考成绩，进入了四川省重点高中的行列。同学满意、家长满意、学校满意、社会满意。现在已经成为成都市一所市先进学校。当然，在他们取得成功的背后，是老师们大工作量的辛勤努力和无怨无悔地对学生的负责精神。现在，他们又在学思课堂的大道上努力前进。

然而，不是所有的中学都是这样的。现在的现实情况是，各个学校的学生都有一套或几套由学校决定给学生购买的从社会上各出版社出版的学生学科练习册，不分青红皂白地给学生当练习用。且不说这些练习

册的质量如何，仅就实用性、针对性就已然很有问题了。往往在高一时就会出现高考题，给刚入高中的学生一个"下马威"，当头一棒。很多在初中学习本来很优秀的学生叫苦连天。我们可以设想一下，高一学生和高三备考高考的学生无论在年龄上、知识拥有程度上、思维能力上都有很大的差异。过早地让学生接触他不可能接受的东西，应当说是对学生在精神上的一种摧残，极大地挫伤学生的学习积极性。更可怕的是在这些题目中，难度起伏不定，时时还错误迭出，又时常脱离学生的学习情况，无形中就加重了学生的负担。

　　事实上，课堂练习考试也好，课后练习也好，都是课堂教学的继续与延伸。前面我们已经讲过，课堂上讲例题时，一定要选好例题，有句话叫"榜样的力量是无穷的"，课堂上讲例题，就是给学生"树榜样"，在课堂上老师讲例题，一般来说是在课上师生一起互动完成的。完成例题讲解的过程，就是教会学生如何运用所学习的概念解决问题的思维过程。这个例题的解决思维过程，应该就是课下做习题的榜样。因此老师所留给学生的课后作业的习题，应当是与课堂所讲例题的思维方法有关联的习题，让学生学着课堂上解决问题的思维办法去独立地完成解决问题的过程。也就是说老师给学生的课后习题应当是与课上所练习的例题有关联的，这样才能达到让学生更深层次地理解课上例题所包含的思维方法，突出对相应概念的认识、理解与运用。减轻学生负担，做会一个题，解决一片习题，提高学生的学习能力。

第三章　学思课堂的实践成效

第一节　学思课堂在北京师范大学基础教育平台

一、　学思课堂是北京师范大学基础教育平台的核心资源

2011 年北京师范大学成都实验中学在刘增利校长带领下，进入了学思课堂实践，2012 年，学思课堂在北京师范大学基础教育平台成立了专门研究推广机构，继而在 2013 年北京师范大学万宁附属中学，成功举办了首届学思课堂研讨会，开启了 学思课堂在北京师范大学各附属学校的科学探索之路。在这之后，每年都举行学思课堂不同形势的学习研讨活动，培养了一批又一批学思课堂的优秀教师。践行用学思课堂作为"课堂教学"的附校，也获得了丰收。

北京师范大学教育集团董事长屈浩表示了对学思课堂的大力支持，并告诉我："对学思课堂，现在我们也在加力。一是让学思课堂成为平台标配，进一步加大理念植入和项目推进的力度。二是尽快打造线上平台，包括录制、传播以您为核心专家的理念和操作慕课资源，装备远程听评课平台等。课堂是育人的最关键的环节，我们必须强化！"

2019 年 7 月 11 日，基础教育平台负责人刘增利宣布：2019 年秋季第六届北京师范大学附校"励耘杯"课堂教学赛课的主题为：聚焦核心素养，践行学思课堂。

可见，北京师范大学基础教育平台对学思课堂越来越重视并更注重实践。

二、 学思课堂在北京师范大学附校的一些实践活动

（一）高三生物学学思课堂复习研讨会

　　北京师范大学深圳南山附属学校特级教师陆晖与北京师范大学贵阳附属中学原副校长毛东文，都是优秀的生物教师，他们不仅专业功底扎实，而且能深刻领悟并践行学思课堂的理念。于是强强联合，于2014年12月18日至20日，在贵阳附属中学举办了关于高三生物复习课的学思课堂活动，北京师范大学附校系统近百名生物教师云集贵阳附属中学。陆晖老师与毛东文老师以身示范，向与会老师展示了在生物复习课上，如何在准确、灵活把握学科思想的基础上，引导学生积极思考，提高思维品质，从容主动解决生物学中的问题，甚至是陌生问题。下文是当时的活动情况。

　　活动由三个模块组成。

　　第一模块："专家讲座"中，刘恩山教授做了《中学生物核心概念教学》讲座，让生物老师更深刻理解"生物学"的学科思想。

　　第二模块："课例研讨"，南山附校、贵阳附中展示了基于学思课堂的高三生物复习"控制变量法在高中生物探究实验中的运用""种群的特征与数量变化"两堂研讨课，让参会的生物老师，亲身经历了生物课的学思课堂，有了学思课堂榜样的力量。

　　第三模块："分享共建"，对《以学思结合的理念经营个性化的校本教研》和《基于学思课堂以信息能力培养为核心的高三生物备考策略与尝试》进行了教研交流，讨论了共同体资源分享平台共建等工作。参会老师集思广益，更深入理解学思课堂。

　　本次活动受到参会教师的热烈欢迎与好评，近一步理解学思课堂的实质含义。所有与会教师都收获满满。特别值得一提的是，北京师范大学成都实验中学参会老师林海，回校后立即激动地在全校教师大会上做了发言："做一名学思课堂的生物教师"。

(二)学思课堂在北京师范大学北海附属中学、北京师范大学万宁附属中学

这些学校都是从一开始建校，就对全体教师进行学思课堂培训活动，希望能从学校第一堂课，就步入学思课堂的轨道，让学生的"思维活动"在课堂教学中动起来。

北京师范大学北海附属中学，2017年特地请资深语文教师、北京师范大学昌平附属中学副校长沈静，到校与教师座谈：关于语文课的学思课堂。

北京师范大学北海附属中学还借北京师范大学基础教育合作办学平台举办了各个附校参加的"基于核心问题的学思课堂"研讨会，聚焦新建校课程建设和教学管理干部培训。各附校校长都做了积极发言，并深入学校的学思课堂听课学习并进行参观和指导。对学思课堂的延伸——学生的课外活动："趣味舞谱""我也能读懂甲骨文""书法课程""羽毛球技能训练""毕业班心理辅导"及"校园电视台"等大加赞赏与肯定，认为是学思课堂的有效延伸不仅在活动中提高了学生的思维品质，更大大地促进了立德树人。

此次研讨活动的开展进一步深化了课堂改革，引领了学校课程建设，有效增进了各校的交流与合作，充分发挥了资源互助共享效益，进一步肯定和落实了学思课堂。

北京师范大学万宁附属中学，也是最早实践学思课堂的学校。我在北京师范万宁附属中学听课、评课后，张校长还特意把我的发言，记录整理给全体教师，我深深感谢张校长对学思课堂的重视。

北京师范大学万宁附属中学负责教学工作的副校长陈胜全，在《中国教师报》(2016年8月24日)发表了《学思课堂：学生是真正的主人》，将学校实践学思课堂小结为：着眼"一核心"——让学生自主成长；着力"两个会"——会学习、会思考；突出"三重点"——问题导航、少教多学、学思结合。

北京师范大学万宁附属中学现在已经是海南省基础教育的一面旗帜。

（三）学思课堂在北京师范大学成都实验中学

北京师范大学成都实验中学，是最早实践学思课堂的学校。从2011年开始至今，已经取得了很大成绩。刘增利校长对学思课堂有很深刻的理解与认识，他在学校教科研大会上做了题为：**"探索价值引领的'学思课堂'"**的发言。他从教育的目的、学思课堂的内涵和我们应该做些什么等方面，对学思课堂进行了全面的讲解，是对北京师范大学成都实验中学几年来进行学思课堂的思想认识与行动的小结，也是进一步深化学思课堂的方向。

教育的目的是什么

印度哲学家克里希那穆提说："教育就是解放心灵。"他在这本同名著作中讲到："教师的最高职责是面对事实、现在和恐惧。不只是要带来学术上的优秀，更为重要的是带来学生和他自己心灵的自由。"因为，"教育就是要把心灵从'自我'的有限能量中解放出来"。按照克里希那穆提的观点，教育的目的不是给孩子填塞知识，而是在适当的时机唤醒孩子来自灵魂和内在的某些能力，"当理智、情感、身体处于完全的和谐时，心灵就会自然地、不费力地、完美地绽放"。因此，我认为，教育的终极目的应该是人获得充分、自由、和谐的发展，学会生活。教育要全面关注人的生活。教育不应当仅仅是生存技能的训练，它的宗旨和使命应当是引导和教会人们去追求幸福的生活，追求高贵的生活，追求有质量的生活，追求有价值的生活，追求有意义的生活。如果我们的教育能够这样，孩子们应该是越学越爱学，越学越会思考，越学越会质疑的。……因此，我们说教育要以人为本，那就要真的指向人，指向人的生命和生活。

打造学思课堂，关键在于教师的教育理念，取决于教师怎样理解教育规律和教育价值。学思课堂作为教学策略是指教师为实现教学目标或教学意图而采用的一系列具体的问题解决行为方式。如果我们讨论学思课堂的策略也按照教学活动的进程把教学分成准备、实施与评价三个阶段，每个阶段都应该有一系列的策略。下面我试着和大家做一下讨论。

第一，"基于核心问题的学思课堂"的教学准备策略，具体说就是备课——备什么？备课程标准和教材，从而把握学科内涵，抓出核心问题；怎么备？设计问题情境，备学生，在学生的已有认知和新的认知之间架设桥梁，用问题串层层剥茧，直达教学目标。在这个环节中，预设的问题都是基于教师对于教学内容和学生认知水平的把握，在实际教学中会有难度调整。

第二，"基于核心问题的学思课堂"的教学实施策略，具体说就是上课。课堂围绕预设的核心问题或问题情境展开，从而把学生的思维带进学习场景。学生主动积极的学习状态、深度的思考参与、切身的情感体验和正确的价值观的形成，都有赖于教师的人格魅力和学识风范对学生的吸引与引领。教师在一节课上体现什么教育价值元素，这取决于教师对教学内容的准确理解，取决于教师对价值体系内容的把握，取决于教师的生活经验、人生感悟、文化修养和精神境界。归根到底，取决于教师对教育规律和人的发展规律的深刻理解，取决于教师对人的生活尤其是精神生活的关注。这样的教育才是润物无声、不留痕迹的教育。课堂中的对话与倾听应该是学思课堂的基本形态。我们追求的不是发言的热闹，而是用心的倾听，深度的思考。……课堂中的对话与倾听应该是学思课堂的基本形态。只有在用心倾听的教室里，才能通过发言让各种思考和情感相互交流。大合唱式的齐答问题是学思课堂所反对的……

第三，"基于核心问题的学思课堂"的教学评价策略，主要是指对课堂教学过程与结果做出的一系列价值判断问题。比如一节课是否凸显出了学思课堂应该具备主体性、问题性、互动性和生成性的特性，这应该是我们对一节课中教师的教学和学生的学思水平的把握标准。一个阶段的教学之后，学生的学业成就测评达到某一预期目标，这应该是我们从末端对学生学习效果的评价。评价是为了促进学生的发展，评价是为了改进教师的教学，评价还要重视对评价本身的再评价，使得评价呈现一种开放的、持续的行为，以推进评价自身的不断完善。

我认为打造学思课堂应该成为教师一辈子的教学追求，因为思维能力、思维水平是核心素养的核心。

北京师范大学成都实验中学，不仅在校内把学思课堂搞的风生水起，

而且多次主动承办学思课堂的研讨活动，以推广学思课堂的理念。

（四）青年教师在学思课堂中成长

北京师范大学厦门海沧附属学校数学组是最早接受学思课堂的教学组之一。八年过去了，当年的年轻数学教师小宋、小白、陈磊等已经步入中年，小宋已担任教学副校长，其他老师也成为海沧甚至厦门名师，学校也成为一所名校。现任校长蔡稳良，正在以数学课为突破口，带领全校的课堂教学进入学思课堂，为厦门基础教育再贡献一分力量。

下文是北京师范大学海沧附属学校的青年教师陈磊的一篇短文，可知学思课堂已经深入人心，并让一大批青年教师取得了收获。

学思引领，概念课竟能如此灵动
——执教"角"第一课时心得体会

正所谓"概念是灵魂"，数学课中最重要的是概念课，最难以驾驭的也是概念课，许多学生觉得数学枯燥，其根本原因是没有理解数学中的概念而阻断了知识间的内在联系，数学学习举步维艰，实在可惜。好的概念课，一定是灵动的，这里的灵动显然是思维的灵动，如何让概念课灵动，一直是老师们研究的课题。

一、备课中教师的"学思观"为思维灵动打下基础

学思课堂中的"思"即善于思考，善于质疑，在教师首先会思考的前提下，鼓励学生在课堂上想问、敢问、爱问、善问。"角"第一课时的核心问题直指"角的概念"，对于它的思考是否准确直接影响本节课的教学效果。教科书上给出了角的两种定义，先给出了静态定义，即有公共端点的两条射线组成的图形；而后给出了动态定义，即一条射线绕着它的端点旋转而形成的图形。为什么教科书先给出静态定义，而动态定义放在后面？很多老师没有解决这个问题，致使本节概念课，难以出彩，学生更是觉得平淡无奇，缺失了数学味。

事实上，运动是永恒的，静止是相对的。角在运动的时候，不易学生思考，选择相对静止状态进行研究，符合学生认知规律，然后再动起

来，依然保持着静止时的几何特征。一个特别形象的例子是，模特在T台走秀的时候，通常都在舞台的前端稍稍停顿片刻，让观众在相对静止的状态下欣赏，而后再动起来，走回后台，这样的动静结合，让人全方位感受美。而这个情境巧妙地包裹了"角的概念"这一核心问题，凸显了学思课堂理念。学思课堂在充分尊重学生的主体地位前提下，更强调教师的课堂使命就是导学、导思，只有导得到位、导得有效、导出智慧，才能促使学思课堂走进时代，走向卓越。

二、问题是思维灵动的发动机

那么如何导思？显然，思是从问题开始的，问题的质量直接决定思的质量，本节概念课，在"概念的本质特征概括"这一概念形成的重要环节体现得尤为明显。基于这一重要性，我将部分课堂实录呈现如下（大家可以特别关注执教教师所提出的问题）。

师：同学们已经将生活中"角的形象"经过数学抽象（板书：横向箭头，并在箭头上板书"抽象"）得到了一个平面图形，成了数学中的研究对象，也就是数学中的"角"（板书：数学中的角）。

师：在数学表达中，图形是最直观的表达方式（板书：图形）。

师：角是平面几何中的基本图形，也是三角形、四边形等平面图形中最基本的组成元素，因此对于角的研究是十分必要的。

师：几何研究中，有了图，我们就能看图说话了（板书：看图说话），我们就能对图形进行文字描述（板书：文字）。

师：图形中，你看到了什么几何元素？

生：是射线，不是线段，不是直线；是两条射线，不是一条，也不是三条。

师：这些几何元素组合在一起体现出了什么几何特征？

（师提示"两条射线有什么位置关系"，并强调"两条射线有公共端点"）

师：你能给角下定义吗？

（板书：角的定义：有公共端点的两条射线组成的图形）

师：公共端点是角的顶点（板书：顶点），两条射线是角的两边（板

书：边）。

师：这是对角的静态描述（板书：静态），这个描述体现了角这个图形的几何特征。

师：根据这个定义，我们很容易能在平面内画一个角，用直尺或是三角尺先画一条射线，再第一条射线的端点出发任意画出第二条射线即可，同学们也在练习本上再画一画。

（教师、学生一起画图）

师：刚刚我们研究了静态的角，同学们再联想一下，生活中有动态的"角的形象"吗？

（预设回答时钟）

师：生活中的时钟给了我们动态的"角的形象"，我们将它进行数学抽象，请同学们认真观察一个动画（动画连续播放两遍）。

师：在这个动画中，你看到了什么几何现象？

（教师提示：射线绕着它的端点在旋转）

师：在图形旋转的过程中，是否存在不变的几何特征？它是什么？

（教师提示：射线无论旋转到什么位置，图形中总是存在着两条有公共端点的射线）

师：这是什么图形的几何特征？

生：角。

师：你能用动态的观点描述角吗？

（板书：一条射线绕着它的端点旋转而形成的图形）

师：这是对角的动态描述（板书：动态），起始位置的这条射线叫始边（板书：始边），终止位置的这条射线叫终边（板书：终边）。

师：用动态的观点来描述角能帮助我们理解锐角、直角、钝角、平角及其周角的形成（展示几何画板）。

（本节课角的本质特征概括是重点，这一过程中，教师有效地问，促使学生有逻辑地思，深刻地思，从而逐步走向主动地思，知道思什么）

三、运用概念解决问题更加凸显思维灵动

思维的灵动在"概念的运用"这一环节走向高潮。执教教师紧紧围绕核心概念巧妙设计了"画出有公共顶点的三个角，并把这三个角表示出来"这一开放性的活动，其目的不仅是让学生经历由文字联想图形的反向思维过程，也是构建学生运用概念解决数学问题的重要思维方法。

师：画出有公共顶点的三个角最少需要几条射线？从一个顶点出发画四条射线一共有几个角？从一个顶点出发画五条射线一共有几个角？……从一个顶点出发画 n 条射线一共有几个角？（教师板画、列表）你是怎么想的？

（师生互动，根据实际情况而应变）

师：看来这个结论与 n 有关，你能应用角的概念解决这个问题，得出一个与 n 有关的更加简洁的式子吗？

师：这个问题表面上看是数字规律问题，而实质上是对角的概念的理解与应用，体现了应用数学概念解决问题的重要性。

师：如果有 n 个元素，每两个元素之间构成一次联系，那么共有多少次联系？这个模型还能解释什么数学问题或者实际问题，你在学习和生活中是否遇到过？你能举例说明吗？

最后，我想说作为学思课堂的实践者，每一次的教学实践都让自己收获了独特的灵感和体悟，更愿意从看似平凡的素材里挖掘、呈现更多的优雅与和谐，启迪智慧，激发思维。

北京师范大学厦门海沧附属学校，一所充满阳光、到处洋溢着"学思"氛围的学校，其教师大多数是刚毕业不久的年青教师。

这里有以校长、主任为核心，和谐团结奋进的学思课堂教育团队。无论在小学校区还是在中学校区，都能感受到浓浓的对美好教育的向往与追求。

我们深入了语文、数学、英语、物理、化学、生物等学科，各备课组的团队精神和教课教师的个性教学特色，深深地感动了我们。特别是在与各教研组教师的交流过程中，与教师们对学思课堂的求真求美的思维碰撞，更感受到了学思课堂已深深扎根于教师心中。

三、 实施学思课堂的体会

（一）教师对学思课堂的热情很高

大部分教师积极参加各种学思课堂活动，学思课堂正在改变着课堂教学原有陈旧的形式。不同的教师显然有不同的教育与文化背景，自然也会有不同的工作与教学风格。但是，任何人都必须认真思考自己的问题，看清自己教学上的优势与不足。

只要我们每个教师心里都能装着以上这些观点，那么你就会自然而然想出适合你本人的办法，让你的工作与教学无形之中向着时代的需求迈进，走进真正的学思课堂。

（二）学思课堂提升了课堂教学质量

教师与学生有很高的幸福感，不仅增强了教师的素质、提高了学生的思维品质，而且还有学思课堂的延伸，即学生有时间开展丰富多彩的课外文艺体育活动，学校真正成了学生快乐成长的地方。

（三）学思课堂是学生核心素养落地的有效途径

因为学思课堂关注师生的思维品质和人文素养，所以，它是学生核心素养落地的有效途径，不仅适用于基础教育所有学校，并可以创造在缺乏优质生员的情况下，同样可以办好优质教育的奇迹！

（四）前进中的困惑

学思课堂说起来容易，做起来难。学思课堂可以"水到渠成"地提高学习成绩，但有部分中年教师仍在死守固有的"教学方式"，依然沉迷"题海战术"和"高强度训练"，让学生在"题海训练"中去提高"学习成绩"。学思课堂的推广与落实，仍需领导的支持与教师的领悟与实践。

第二节　学思课堂在北川中学

一、 沐浴在阳光下的北川中学

1944 年建校的北川中学是四川省北川羌族自治县唯一一所高中。2008 年 5 月 12 日的汶川大地震，让北川中学两栋五层教学楼垮塌，一千余名师生遇难。

大地震幸存的师生在校长刘亚春的带领下，擦干了眼泪，重新振奋精神，于 2008 年 5 月 19 日，在绵阳市长虹培训中心的大草坪上，英雄的北川中学举行了一场特殊的开学典礼！教室是刚搭建起来的帐篷，写着"北川中学"字样的校牌是刚刚从高山上的瓦砾堆中捡来的。

新的北川中学于 2009 年 5 月 12 日正式由侨联出资援助开工，于 2010 年 9 月 1 日前完工，成为北川新城的一个标志性工程，并于同年 9 月 1 日开学上课。

我于 2011 年春夏到北川中学，并在刘亚春校长支持、指导下实践并完善学思课堂。

我敬仰北川中学，不仅仅因为我曾在那块曾被地震吞噬过但又坚强站起来的地方，挥洒为学思课堂而倾尽的心血，更是因为那里的人们，正是著名作家海明威笔下的英雄：**只能吞噬我的身体，却永远消灭不了我发光的精神。人可以被毁灭，但不可以被打败。**

在北川中学，正是站立着一批这样的可歌可泣的英雄！

也许并不是每个人都能成为人生的成功者，但是面对失意的人生，请无论如何要淡定地保持一个正直、诚恳、勤奋的人的风度，勇敢地活下去，默默无闻也好，平平凡凡也罢，重要的是，一个人只要活着，再怎样一无所有，也不应该把做人的尊严和风度输掉。

我永远深深地敬仰和诚挚地深爱着那片英雄的土地！

二、 学思课堂在北川中学的点点滴滴

（一）教师的人格魅力在课堂教学中体现

"教师的人格魅力主要是通过课堂教学体现出来的！"这是学思课堂的观点，这也已经成为北川中学刘亚春校长与教师沟通时的一句口头禅。

有一天课间，我正在楼道里，从高一(2)班，跑出来一个男生，手里举着一张考试卷子兴高采烈地追着英语教师张玮凤，让张老师把得分写大一点，还得签上老师的名字。

我走近一看，原来这个同学考了"61分"，于是问："同学，你为什么要张老师把分数写得更明显一点呢？"他毫不掩饰自己的高兴，说："老师，您不知道，我从学英语开始，考试从来没得过10分以上，上周考了40分，这个星期我考了61分，我得让张老师给我把分数写得重一点，还要签上老师的名字，我拿回家，让我妈妈也高兴一下。"

张老师走过来对我说："我们在根据学思课堂的要求，改进课堂教学，为了鼓励并落实课堂教学效果，每个星期的测试，都是以本周内所讲内容为主，也就是7：3的比例，本周新学内容占七成，这样大大提高了学

图3-3　北川中学学思课堂启动仪式

生对新学内容的兴趣与信心，曾经学过的内容占三成，主要是覆盖必须掌握的知识。这个学生，"张老师指着高举着 61 分卷子的学生，接着说，"进步很大，凡是新学的，基本上都会了，原来不会的、忘了的，慢慢补呗。进步大的同学太多了，他是怕他妈不信他英语也能得 61 分，所以才这么追着我。"那个同学有点不好意思了，但又跟张老师说："老师，我这个学期的目标是英语考 75 分！"

上课铃声响了，顿时，楼道里只剩下我一个人，我为刚才看到的场景兴奋和感动。

晚上，我在高三教师办公室看见青年教师廖宇正拿着一大盆刚煮熟的鸡蛋要去教室。我问廖老师："你拿这么多鸡蛋去哪儿啊？"

廖老师说："这是我给班上学生煮的，每人一个。他们太累了，又都是孩子，得补充营养！"

没等我回话，另一个老师接着说："你不是常说要把对学生的爱落在实处，当学生感受不到你的爱时，所谓教师的爱是不存在的！廖老师就是把爱落在实处啊！"

廖老师有点不好意思，说："办公室每个老师都在把对学生的爱落在实处。我们家养了几只母鸡，天天下蛋！"

办公室的老师都笑了！

另一个年轻老师说："您讲得很对，牛顿第三定律：作用力与反作用力，可以给一个人文的解释，老师对学生的爱，学生会用同样的爱来回报的。廖老师那个班，每人一天吃一个鸡蛋，果然学习成绩就上了一个台阶！"

廖老师不好意思了，端着一盆鸡蛋跑了。

我发自内心地笑了。虽然推动学思课堂是非常艰苦的，为了寻找一个"核心问题"往往要反反复复争论不休好几次，为了让教师上课突出重点，多发动学生参与，也要反反复复叮嘱了又叮嘱，但是当感到学思课堂确实正在成为教师们的行动时，内心还是充满了喜悦。

我不止一次地向刘亚春校长建议，一定要把"阅读"放在教学工作的重要位置，学生要阅读，教师更要阅读。

我对刘校长说:"阅读质量的高低,决定了这个人的视野、想象力和价值取向。"

刘校长让教学处为三个年级各配置了一个阅览室,购买了由老师选定的图书并订阅了一些适合师生看的杂志。每逢课余,阅览室总是学生满满的,有时还为争阅一本书发生"嘴战"。

(二)与语文老师的深入探讨

我与刘校长走进了高一(1)班教室,上课铃声刚响,一个秀气的女老师走了进来,大学毕业有几年了,看到刘校长与我来听课,尽管已经当了几年教师,也显得十分紧张。同学们看到老师来了,立刻各就各位,顿时,教室内鸦雀无声。

老师与学生相互问好后,老师开始讲课:"咱们昨天学习了红楼梦中《林黛玉初进荣国府》,课文已经通读了一遍,为了加深同学对文章的理解,咱们今天共同观赏电视剧《红楼梦》片段。"之后便开始放映电视剧片断《林黛玉初进荣国府》。看得出,学生们很喜欢看,一边观赏着,一边热烈地讨论着。

下课了,语文老师很高兴,因为她感受到课堂的气氛很活跃,学生喜欢她播放的视频。

几个听课的语文老师,把我与刘校长拉进了教师休息室,大家自觉地搬椅子,围着我和刘校长坐了一个圈。

刚才上课的语文老师自我介绍,她叫邵小辉,是这个年级的语文备课组组长,已经在北川中学工作五年了。她满怀信心地在等我与刘校长的好评。

刘校长谦让着,请我发表意见。

我虽然满脸微笑,内心却十分矛盾,我不喜欢这节语文课,但不知道应如何说起。在座的老师都聚精会神地等我发言。

我轻轻地问了一下邵小辉老师:"邵老师,您这节课的教学目标是什么?"

"巩固理解课文啊!"邵老师脱口而出。

我拍了一下自己的大腿，说："对呀！可您带领学生巩固和理解课文的途径是什么呀？"

因为我已收敛了笑容，而且有点严肃地追问，邵小辉老师不敢回答了。

我于是接着向大家说："文本，即课文本身。"我停了一下，环顾了一下周围的老师，接着说，"课本上的文章，是作者自己写的，语文课学习这些文章，就是让学生理解作者写这篇文章的意图以及作者用了什么样的语言结构来打动读者的，读者从思想上、语言运用上有什么收获，都应该反反复复在阅读原作中获取。这才能让学生的脑子围着阅读文本动起来。电视剧是导演、演员在对原作的理解下的再创造，已经掺杂了演员们对原作的个性解读。"

周围的老师们频频点头，大家静静地听我往下说："语文课是学校所有课程中最重要最基础的课。因为，任何一门学科都需要把本学科的重要知识及思维特点，用本学科的逻辑思维特点表述出来，让学生学习、理解和应用。而这个表述无非是'说出来'或者'写出来'，所以，语文不仅仅传递语文本身的知识，而且是各门学科逻辑表述的载体，因此，语文课学得如何，直接关系其他学科的学习。而语文课的学习，必须首先重视对原作的阅读，老师要示范，要声情并茂地阅读课文，如果文章太长，可以截选最精华的一部分，教师用自己的情感，为学生创造良好的语言情境，直击学生的心灵，让学生被教师创造的语言情境感染、感动，再让学生去读原作，从'读'的过程中寻找原文作者写这篇文章的意图，并'读'出文字背后的情感，即作者所展示的价值观，这样才能去寻找那些能感动自己的'好词''好句子''好的修辞手法'等。这样，学生才能在学习语文中升华自身的语文水平，提高使用语言准确表达自己情感的能力，而且为学习其他学科打下了表述、总结的基础能力。学生的思维品质也得到了提高。"

我又接着说："电视剧不是不可以看，但应该放在学生对原著阅读完并升华了以后，甚至老师可以在观看电视剧之前，先让学生做好准备，即学生阅读升华之后，自然会在脑海中出现对文章的画面感，从学生脑

海中的画面感出发，再去讨论对原著的认识，与电视剧有什么差距，如果学生能找出电视剧什么地区没有尊重原著，那就更好了，说明学生不仅读懂了原著，而且敢于质疑。培养学生们有自己独立见解和思辨思维。"

我说完了，周围的老师越聚越多，安静了好一阵后，响起了热烈的掌声。

刘校长向大家挥挥手，意思让大家安静下来。

刘校长说："乔老师一席话，给我们很多启发，也很中肯啊！"

周围的老师都笑了。

刘校长接着说："光顾聚精会神听乔老师讲话了，上午的下课铃早打过了，大家快去吃饭吧！"

这时大家才反应过来，原来中午吃饭时间早到了。

刘校长开玩笑似的向大家说："今天中午的饭一定好吃，因为乔老师给我们加了一道'北京菜'，快去吃饭吧！"

中午我与刘校长一起在学校食堂吃饭，一边吃，一边聊。刘校长说："乔老师啊，你上午那一番话，肯定像炸弹一样，把我们学校语文教学给彻底炸翻了！"

我连忙有点担心地说："刘校长，我说得有什么问题吗？"

刘校长使劲把嘴里的饭咽下去，说："乔老师啊！你说得太好了，都是我的心里话呀！可是我说不管用，你这一说，肯定管用，咱们就从语文课堂教学开刀，语文学习是学生学好其他学科的基础，我们首先要对语文教师提出点要求。"

我说："从语文教师的阅读开始，这里包括了'阅'，也就是看，更重要的是'读'，要把自己看到的文字，用自己的认知情感把它'读'出来。这'读出来'可太重要了，就是传递情感、价值观和构建语文知识啊！同时更是提高思维品质的有效渠道。如果'读出来'连自己都不能被感动，如何去感动别人！然后，再让学生把感受用最精华的文字写出来，把语文升华落实到笔尖上。这样的文章肯定不仅内容充实，而且表述生动朴实、逻辑性强。"

　　刘校长几乎要拍桌子叫好，对我说："乔老师，就按你的想法要求语文老师，我们老师大部分来自农村，朴实无华，你尽管放心去要求，并且要检查。"

　　其实在刘校长与我对话的过程中，两个人周围又聚集了许多老师，忽然年龄比较大的蔡莉佳老师为难地插了一句话："我们都是农村长大的，普通话讲得很不标准，这'读'，困难太大了！"

　　我哈哈哈地大笑了起来，站起来对大家说："当然语文课要求老师用普通话，但是讲话是要有语言环境的。老师们大多生长在四川语言环境中，普通话不标准很正常。但是，这并不妨碍我们用语言传递感情。"

　　老师们也都哈哈地笑了！

　　我接着说："尽量去练习普通话，尽量用普通话去读，即便你普通话不标准，没关系，我们是要读出情感，要的是以情动人，首先感动你自己，然后再去感动你的学生。语文课的'读'，更重要的是情感！以情动人！在以情动人之中又深深地刻入了严谨的逻辑。"

　　我喝了一口水，接着说："退一万步，你实在普通话不行，就用你的四川普通话去'读'，为学生创造有情感的语言环境。就这么定了，也不开大会了，大家相互传达一下我的要求，我要检查，让语文老师先读给我和刘校长听，如果感动不了我，我看你就先别进课堂了。"

　　刘校长补充了一句："开会费大家的时间，我完全同意乔老师的意见，这里有好几个语文老师，下去相互传达一下，我可是认真的啊，也许明天就检查。"

　　晚饭后，学生上晚自习，我一个人在教学楼里四处看看，隐隐约约听到几个语文老师在认真地朗读课文。我会心地笑了。

（三）几何问题无图不说话

　　在北川中学语文课如火如荼地进行扎实改进的同时，我走进了数学课堂，在高一、高二分别听了两节数学课。数学老师紧紧跟随着我，都希望听到我的点评，毕竟我是数学老师出身。可是我除了偶尔微笑一下之外，一直没说话，所有数学老师都感到了一种危机感，都意识到了数

学课出了大问题。

下午，所有数学老师都接到了通知，晚上六点半在阶梯教室开会，我要谈谈今天对所听数学课的意见。吃过晚饭，数学老师陆续来到阶梯教室，刘校长也来了，刚过晚上六点，老师就到齐了。

六点半，我准时走进阶梯教室，脸上勉强带着微笑。我十分有礼貌地问老师们晚上好，特别对着刘校长说："对不起啊，刘校长，咱们学校的数学课实在有点对不起勤奋俭朴的学生啊！"

刘校长站起来对我说："乔老师，你尽管指出问题，我们北川中学的老师有最硬的骨头，不怕摔打，就怕不知道怎么摔打！你就大胆地摔打他们吧。"

刘校长的话，铿锵有力，引来所有数学老师的掌声，这掌声中饱含着渴望、信心和力量。

我先简捷地介绍了什么是数学："按恩格斯的定义：数学是研究数量关系与空间形式的一门学科。"我又介绍了数学的几个明显的特点："抽象性(概念)、逻辑性(严格的逻辑思维)、精准的远算、数据分析和广泛的应用(数学建模)等。"

阶梯教室里只有我的声音，我一边讲一边还举例说明，深入浅出，老师们全被吸引住了。

我话锋一转，向大家说："今天高一的函数课和高二的立体几何课，严格说，都不能叫数学课，教师只是在完成背诵教材的任务，既没有数学课的味道，更没有顾及学生的感受。简直就是在浪费时间和打击学生学习数学的兴趣。"

接着，我先以高二立体几何为例，问高二数学老师："高二在讲三棱锥的体积，我问老师，是先有三棱锥这个几何体还是先有三棱锥这个名词？"

阶梯教室鸦雀无声，我接着说："这跟夫妻俩口子有了孩子，再给孩子起名字是一样简单的道理啊！"

老师们哄堂大笑。

我又严肃地说："正因为生活中先出现了各种各样的图形，于是数学家们才去给这些图形起出符合图形特点的各种各样的名字。"

老师们频频点头。

我又接着说："所以，凡是讲有关几何图形的问题，必须先画图，然后识图、分析图，一切都要从图出发！这就是一个从现象到概念的逻辑思维过程。"

我停顿了一下，几乎把阶梯教室每个老师都看了一眼，接着说："我送大家一句话：几何无图不说话。今天高二两节课，板书只有三棱锥的体积公式，连一个简单点的几何图都不画，让同学们去看课本上的图。这能一样吗？老师在黑板上画图的过程，就是师生一起思维的过程。"

我一边说着，一边顺手从裤兜里掏出一个土豆和一把水果刀。我用水果刀把土豆削成了三棱柱的形状，然后在黑板上画了一个三棱柱，我又接着把三棱柱分削成三个几乎全等的三棱锥，又接着在黑板上用不同颜色的虚线在三棱柱内描出这个三棱锥，最后我举着削好的土豆向大家说："大家看清楚了吗？尽管我们中学还证明不了三棱锥的体积公式，但从我刚才削土豆及黑板上画图的过程，你们对三棱锥的体积公式还有怀疑吗？"我又停顿了几秒钟，似乎听到了老师们心悦诚服的心声。几秒钟过后，室内响起了热烈的掌声！

我接着说："数学承载着培养学生抽象能力和逻辑思维能力的重任。如果没有思维，那就不可能产生有意义的学习和经验。因此，教师必须要提供可以引起思维的学习和生成经验的情境。作为一个思维过程，具体分成五个步骤，通称思维五步，一是疑难的情境；二是确定疑难的所在；三是提出解决疑难的各种假设；四是对这些假设进行推断；五是验证或修改假设。从今天开始，必须按照我的要求上数学课！两句话必须牢记：'几何无图不说话。没有思维过程的课不是数学课。'可能我要求严了一点，但必须这样。"

刘校长走到讲台前语重心长地对老师们说："乔老师说得对，我支持他。以后我再听数学课，你要讲几何没画图，我准罚你。上数学课如果只让学生背结论而没有思维过程，我就让你重新给我讲一遍。"

老师们都会心地笑了，大家表示，肯定按要求认真上好数学课。

我又认真地叮嘱了一下："还有就是在推理过程中的计算问题，计算本来就是逻辑推理，不要埋怨学生计算能力不强，教师每周至少要有一次，认真在黑板上给学生做计算准确的榜样，准确计算的过程，也是思维品质提高的过程。"

三、 北川中学在前进

北川中学在刘亚春校长的带动下，从 2013 年开始做了三年的从学习课程标准、教师备课、课堂教学、作业批阅、考题设置、学生调研等的学思课堂实践，深受师生欢迎。

在 2016 年高考中，取得了优秀的成绩。并有四个学生考入北京大学，两个学生考入清华大学。2016 年以后，每年都有考入北京大学、清华大学、复旦大学、四川大学等知名高校的学生。

北川中学在 2017 年已经通过评审，成为四川省省级示范高中。其中"学思课堂"功不可没。刘校长是一个非常懂教育、有浓厚教育情怀的校长，在他的带领下，学思课堂已经深入人心。一进北川中学大门，在学校布告栏中，就有学思课堂的明显位置，学校老师已经是张口"核心问题"，闭口"情境包裹"。

负责教学的副校长邓家军是英语教师，不仅深入学习学思课堂的思想，还以近 50 岁的年龄考取了西南大学教育硕士研究生进行深造，现在邓老师的英语课已经抛弃了"背单词、讲语法"的陈规，完全融进了学思课堂之中。由于努力践行学思课堂理念，他的英语课越来越受到学生欢迎，水到渠成地提高了学生的英语"听、说、读、写"能力，英语成绩也节节攀升。

刘亚春校长说："让山区孩子走出大山是我最大的快乐。""跟踪我校毕业的学生，一个个都是社会发展的栋梁之才是我最大的向往。""看到学校教师安居乐业是我的最大幸福。"他拒功利于千里之外，把许多应得的名誉都让给了其他老师，他工作不分日夜，往往工作到凌晨两三点，在办公室和衣而卧。为了一个教师家属的安置，他跑遍县城。刘校长一直在教学实践中学习，从教物理开始，又教过语文，二十几年的教学磨砺，他认定了"教育是使学生成长的过程，尤其是思维品质提高的过程"，因此，他的课堂教学，总是以学生成长为主导的课堂，也就是正宗的学思课堂。

刘校长曾说："教育是一件塌下心来安安静静做的事业，功在千秋、利在学生。而我们每个人都未免会有一些私心杂念，所以做教育必须远离功利，以免万一让功利放大了个人的私欲，就静不下心来了，当然也就做不了教育。"

他是既有教学经验，又有先进教育理念和身体力行的校长，他是名副其实的教育家。

不得不再重笔提一下的是，刘校长领导的学校干部团队，是一个"心往一处想，劲往一处使"的，很有群众基础的团队。仅举一例：2014 年前后，为了杜绝学生节假日去网吧玩游戏，影响身心健康，刘校长带领干部团队，每逢节假日，从凌晨开始到县城附近的网吧查寻，凡北川中学的学生都会被带回学校，说服教育，并妥善安排休息与学习，坚持了一年多，"言教不如身教"，刘校长及其学校干部用真诚、辛勤的付出，教育并感动了所有学生，北川中学的学生再也没有利用休息日去网吧玩游戏的行为了。

北川中学一直在前进！

第三节　学思课堂收获的成果

由于学思课堂特别关注了学生与教师，也就是实现了真正意义上的"以人为本"，学生是课堂的主人，积极参与课堂教学，有话语权，敢于发表自己的见解，敢于质疑教师所讲的内容，增加了学生动手、动脑的时间，提高了学生的思维品质，同时也加强了学生的人格修养。教师更明确了自己引导学生的责任和义务，不仅提高了教师的业务水平，而且更加强了教师对学生的关爱。师生关系是相互的，师生间的关爱更是相

互的。这样就形成了良性的相互关爱、相互感恩、共同进步的师生关系，在学思课堂融洽的学习成长环境中，教师加强了自律，处处给学生做榜样，而榜样的力量是无穷的，于是，学思课堂正在收获以下的成果。

一、 树立乐观向上的心态

学思课堂提倡教师必须首先认识自我，即对自己有深刻的剖析和认知。

教师的教学水平无论高低，教学效果无论好坏，教师的教学过程都是来源于自己的内心世界的。教师的学科修养和文化内涵，投射到学生身上，会在学生心灵深处产生效果。这个效果如何，显然与教师本身对自我的认识密切相关。

教师常常会一厢情愿地把自己的认知一股脑儿地抛给学生，完全不顾及学生的感受。当学生的学习效果不理想时，教师会怒火冲天地抱怨，学生也会愤怒地责怪教师。

事实上，教师的抱怨与学生的责怪都是没有出路的。因为此时的教师与学生根本不在同一条"教与学"的道路上，在课堂上二者的关系看上去是"合作"，但实际更像陌生人。教师与学生都不会有"乐观"的心态。

学思课堂正在改变这种状态，教师首先要从"知识、情感、精神"等方面找到学生，因为教师是为学生服务的，只有"找到学生"，才能准确地为学生服务。

教师找到学生的过程，也就是重新认识自我的过程，要让教师本人的"知识、情感、精神"符合找到的学生的情况。这样才可能产生和谐的"教与学"的过程。这个过程，就是"教师领着学生走向知识"的过程，在这个过程中充满了师生感情的交流、思维的碰撞与精神的和谐。

学思课堂改变了过去课堂以"只顾教师的教，不顾及学生学的感受"为主的现象，实现了"从学生实际情况出发，如何适应学生的学、让学生在教师的教的过程中，学会如何学习"的"教学过程"。在这样一个为学生如何学得更好的"教学过程"中，学生收获的多了，学会了如何学习，提高了思维能力，自然会快乐起来，看到学生的健康成长，教师自然也会更乐观起来。学生与教师的这种"乐观向上"，当然是学思课堂的核心"学思结合"的成果。

可以说，第一，学思结合是一种生活态度和思想境界，接受和正视现实是走向乐观的第一步；第二，学思课堂能培养学生乐观的性格，帮助他们坦然地面对学习与生活中的困难；第三，学思课堂能让学生与教师都明白不能耗费大量的精力在焦虑上，否则就不能发挥你本来有的能力与智慧；第四，学思课堂能让学生不断获得成就感，学生的成就感可以让教师与学生都快乐起来，并共同加强学习的动力。

二、 有正确的价值观

价值观是指一个人对周围的客观事物（包括人、事、物）的意义、重要性的总评价和总看法。一方面表现为价值取向、价值追求，凝结为一定的价值目标；另一方面表现为价值尺度和准则，成为人们判断事物有无价值及价值大小的评价标准。

对中小学学生来说，从学校教育中，逐渐建立科学的思维能力与正确的价值取向，当然是十分重要的。

学思课堂就特别注重了"课堂文化内容的价值取向"，随时随地、不失时机、见缝插针地"寓德育于教学之中"，对中小学生起到了价值取向的引领作用。比如，北京师范大学附属中学语文课讲到鲁迅先生的《记念刘和珍君》时，总要带学生去参观"北京鲁迅博物馆"和"北京鲁迅中学"（原北京女子师范大学、鲁迅先生演讲的地方），亲身体验爱国主义教育；在化学课讲"氧气"时，肯定要涉及我国第一个在太空行走的杨利伟；在讲"笛卡尔"坐标系时，一定会讲跨学科的联想思维，如何对"点""定位"；特别是语文课上，更能直接感受中华优秀传统文化的博大精深；尤其是在实际生活中，师生间的相互尊重与友爱，如此等等，耳闻目染，师生都在形成正确的价值取向。因此，学思课堂可以及时消除学生的不道德行为，让师生拥有正确的价值取向，拥有爱心，以至于拥有求知求美的动力；懂得感恩，懂得宽容、才会成长。教师也要感恩于你的学生，由于有了你的学生，才有了你的成长。

三、 直面挫败的勇气

所有人的成长都不是一帆风顺的，在学思课堂中，我总是在不断地告诉学生：小到课堂公式的建立与推导，物理、化学等实验的进行过程，大到大家从小到大的成长历程，无不存在着困难与失败的可能，但是只要认定了一件事，就一定要克服困难坚持下去。正如毛主席在《论持久战》一书中所说"最后的胜利往往在于再坚持一下的努力之中"。学思课堂正在做到：第一，学生的情感是脆弱的，教他勇于正视失败；第二，对挫折感到陌生的学生，很难融入社会，要勇敢面对挫折；第三，用自信取代自卑，教师要给学生取得自信的机会；第四，对学生进行适当的夸奖，让学生有进步的信心，但不要过度。

四、 敢于梦想

每个人都会有美好的"梦想"。其实，"梦想"就是经过自己的一番努力，可以达到的"愿景"。

对于中小学生，由于生活经历与环境的不断变化，"梦想"也会在不断变化，在小学可能"梦想成为医生"，到了中学，可能会变成"梦想成为一名宇航员"，这都无关紧要。关键是必须对未来有一个美好的愿景，敢于"梦想"，才会有努力前进的方向与动力。

学思课堂会经常给学生提供"梦想"的情境，让学生敢于突破自我去"梦想"，去为"梦想"而努力、而奋斗。学思课堂引导教师这样做：第一，明白有梦想才有创造，不要训斥学生的"梦话"；第二，学生有梦想时，鼓励他向梦想迈进一步；第三，不拒绝学生问的"为什么"，否则就等于剪断了他思维的翅膀；第四，激发学生的学习兴趣；第五，善于保护勇于创造的学生；第六，学会思考，学会在质疑中成长。

五、 学会良好的沟通

沟通是人与人之间、人与群体之间分享信息、交流思想与传递感情的过程，以求思想达成一致和感情的通畅。

沟通首先要明确沟通的情境、对象、沟通的内容、充分理解要沟通什么，才能使沟通过程更加完美。

在沟通过程中，阐述观点的时候一定要彼此尊重、明白问题出现的原因，然后去解决。当沟通过程中出现意见不太一致时，要做到认真倾听和接受正确的观点。

学思课堂则随时为教师与学生、学生与学生之间创建进行沟通的情境，学生可以在学思课堂中尽情表述自己的想法，或发表与教师或其他学生不同的见解。"沟通"是学思课堂教学的"常态"，在不断沟通中，逐渐统一思想和认识，提升思维能力。在沟通的过程中，学生学会了"尊重、倾听与合作"。具体来说，应该做到：第一，明确良好的沟通，能够得到社会的尊重，最能引起别人的兴趣和注意；第二，明确尊重他人，就是尊重自己；第三，明确合作与沟通能力常常比知识更重要；第四，明确学会、懂得倾听的学生更具有人格魅力。

六、 正确认识自我

中国有句经典名言："人贵有自知之明"。可见，正确认识自己是何等重要！

自知之明，就是自己能了解自己，自己能认识自己。但遗憾的是，我们常常可以了解他人，了解环境，了解社会，甚至了解世界，但就是不太了解自己，这就是我们常说的"当局者迷""不识庐山真面目，只缘身在此山中"。其实，现实生活中的每个人都有自己的长处，也有自身的短处，这是很正常的，也是不可避免的事实。只有认清自己的长处和短处，才能扬长避短，真正实现自我价值。

学思课堂特别关注了学生"思维品质"的升华。"联想思维""形象思维""逻辑思维""辩证思维"等，竞相在学思课堂上绽放，在认知过程中、情感交流中、思索议论中，学生们从中既会看到其他学生的优秀，也会体味到自己的不足。能找到自己无论是知识、情感还是思索议论中的不足，这会是学生更大进步的起点。具体来说，教师应该做到：第一，鼓

励学生主动与人交往，消除学生的孤僻，处在害羞之中的学生，容易产生自卑感；第二，引导学生明白会欣赏他人，才会欣赏自己，让学生每天发现他人和自己的一个优点；第三，引导学生懂得有"舍"才有"得"，适时放弃有助于获得更好的结果。

七、 学会阅读

阅读就是要读懂文字背后的"情感、态度与价值观"，不同的学生由于生活环境的差异，对同一段文字会有不同的感受。学生对同一篇文章，会取舍不一样的感兴趣或被感动的段落和文字。让学生说出他被感动的段落和文字，即是对语言结构的认知，也是学会如何用语言和文字准确生动的表达自己的情感。

阅读本身就是对知识的积累，也是阅读者自身素质的提升。素质的提高，在以后的学习和生活中，会有很大的帮助。

阅读可以让人滤除浮躁，在阅读中可以体会人生的乐趣，无疑是愉悦人生的美好享受。

阅读可以让师生的知识更丰富，我们常常会感叹："一个人的知识越多，越感到自己的无知。"书读得越多，就越觉得有读不尽的书。

特别是，语言和文字是逻辑的载体，必须认真阅读，从中夯实自己学习其他科目的基础。

学思课堂特别强调了"阅读能力的提高"，不少实施学思课堂的学校，都成立了"读书会"，不定期举办"阅读交流"，为提高学生的阅读能力，提供了有力的支持。

在学校教育中，提高"阅读"能力，不仅仅限于语文课。每个科目，都有"提高阅读能力"的任务。比如理科中的一些定义、定理的文字叙述，一定要让学生抓住"文字叙述"中最关键的词汇。因此，提高学生的阅读能力是全体教师应尽的职责。教师应引导学生明白：第一，所有好的文章，都是作者认真对生活的提炼，阅读别人写得好文章是自我成长的捷径；第二，读懂作者所写的文字背后的思想，就是自我成长的过程；第三，扩大视野、培养大爱善良的情操；第四，学习别人运用语言表达思想的能力；第五，学会并提高鉴赏与批判的能力。

第四章　几位阳光教师的学思课堂

在中小学，有许多无私奉献的优秀教师，他们的课堂教学无不充满了"大爱与激情""奉献与智慧""优美的语言与思维的活跃"，受到一届又一届学生的欢迎，并成为学生终身学习的楷模。其实，这些优秀教师的"课堂教学"，就是"阳光教师的学思课堂"。

教师和学生是学校中的两大主体。在学校整个教育过程中，教师与学生的交往过程(特别是通过课堂教学向学生呈现知识的过程)，就是教师用自己的教育行为感染学生，陶冶学生，用自己的人格魅力影响学生，让学生在受教育过程中，逐渐形成适应社会发展的健全人格。其实，在我周围就有很多优秀的教师的课堂教学，充满了学与思的交融，就是以提高学生的思维品质、立德树人为核心的学思课堂。

下文，介绍几位我的良师益友，他们的课堂教学深受学生的欢迎，在他们的课堂上，充满了思维的灵动与立德树人的价值取向。事实上，他们的课堂教学，就是学思课堂，他们的教育行为就是立德树人。他们是学思课堂的真正实践者，希望能从他们的教学行为中，再实际领会学思课堂的含义。

第一节　顾长乐用人格魅力征服了所有的学生

北京师范大学附属中学有一位很有名的物理特级教师，她是顾长乐，她无论教哪个班，都能和那个班的学生融为一体。她真正做到了"以学生为本，因材施教"。她的课堂就是学思课堂。

顾老师教育教学能力很强，所教的学生多次取得北京市物理学科平均分第一名。在第一届"全国中学生物理竞赛"中，她所辅导的学生刘力获北京市第一名，其他参赛学生，也取得了好成绩。

她能够抓住教育的本质，教学理念深刻而超前，所培养的学生具有较高能力。教学中以启发学生思维为主，创造温馨的学习环境让学生自主探究学习，教学方法灵活，不唯书，不唯上，不唯分。特别重视培养学生的动手、动脑的实验能力，着眼于学生的终身发展和全面发展。全心全意为学生服务，是学生的良师益友。

论文《迫使学生动脑筋学习》曾在全国特级教师大会小组会上宣读。

她上课是极富有激情的，不仅课堂语言丰富生动，而且有适度的肢体语言支撑，完全没有与本课堂教学无关的废话与动作。一堂课要擦几次黑板，浑身洒满了粉笔末。板书极富有感染力，重点的、易错易混淆的内容，都会用大号字体写出来，还会用各种彩色粉笔描了又描，以引起同学的高度关注。她认为，板书应当是为学生学习服务的，要让学生看得明白，给他们视觉以强刺激，在脑海中留下深刻记忆。最好的板书应当是对学生学习有帮助和实用的板书。

她是非常认真研究课本上的所有例题和习题的，但却很少用课本上的例题，她认为那些例题不完全适合她自己的学生的实际情况。她总是参考大量资料，自己编辑适合学生学习的例题，这样很吸引学生的好奇心，有效地激发学生的学习兴趣，特别是能引起同学对问题的积极争议，让所有上课的同学思维活跃起来，培养学生的思维品质。这样的物理课，当然会收到很好的教学效果。

物理课上的很多实验也是她根据实际情况，自行设计的，突出并更简捷的呈现了要呈现出的物理概念的过程，自然能引发学生更大的兴趣。

这也就形成了她物理课的最大亮点：物理问题的提出、呈现解决问题的方法与过程，都有浓郁的、她个人对相应物理知识的独到见解和认识，并能用最简捷明了的办法，有效地传递给自己的学生。

特别是在物理课堂上，最让学生喜欢的是，她总能想办法让学生对一个关键问题，热烈地讨论起来，有时争执得"乱成一锅粥"。这种"乱"

是"有序的乱"，是物理思维的有效交锋。

"乱是为了不乱"，"乱"是学生争先恐后要说出自己的见解，经过师生之间的不断争论，最后统一认识（当然有时也会有认识不能统一，谁也说服不了谁的情况，只好到课下再说）。这种有着活跃思维个性的物理课，有哪个学生不喜欢？

她上课的语言也是极富特色的，问题的设置总是能引发学生的兴趣。由浅入深、一环扣一环。重要的地方，她会"大声疾呼"，让每个学生都兴奋起来，让学生和她一起进行物理思维运动。有时隔着几个教室，都能到听她纠正同学错误的一板一眼的叮嘱和全班同学解决了问题之后哈哈大笑的开心笑声。

她批改的学生作业，在学生的每一处细小的错误地方，都要加以注释，让同学明白错在哪里。她最拿手的与学生沟通的办法是：让每个学生写个纸条，写明一周内可以空余出的时间。顾长乐老师再统筹兼顾，在发给每个学生的作业上写明：在什么时间、地点去找她，或 10 分钟或 5 分钟，根据不同情况，找每一位同学面批作业。

顾长乐老师在和学生的个性化交谈中，对有创新解题思想的同学，顾长乐老师会很虚心询问他的想法，向他学习；对错误迭出的同学，顾长乐老师会心平气和的交流，处在完全平等的地位上，总是商讨式的、从来没有指责和惩罚，有的只是一起探讨之所以出错的原因和共同研究如何改正的措施。

同学们都喜欢顾长乐老师，她对物理概念的精准清晰、她对学生发自内心的关爱、她个人对物理学的独到的优秀思维品质和创新思维、她对教材或课本上的错误的一丝不苟的纠正、她对学生优秀思维品质的虚心学习、都深深影响着她的学生。在她最后教学的几年中，学生都知道她已近 70 岁了，但总觉得她很年轻，她上课依然保持着教师的青春活力，同学们课上和她一起学习和探讨物理，课下照样和她无拘无束。顾长乐老师用她的"人格魅力"，征服了她一届又一届的学生。

顾长乐老师退休之后，还曾到一所普通中学的高中任教，由于那所中学的师资、生源水平都不高，顾长乐老师真是尽全力既教老师又教学

生，而且不要任何报酬。顾长乐老师一再说，她有退休金，足够日常生活的支出。到这所中学上课，只是基于她一生对教育的热爱，想在自己还有能力的情况下，全心全意把自己对教育的理解和感情传递给这所学校，愿意帮助这所普通中学提高一下教学水平。

她在这所学校上课时，除了学生还有教物理、数学的老师听课，向她学习。她一再嘱咐这些老师一定不要照搬她的教学方法，要根据教师自身条件和学习情况，创出自己的教学特点。由于学生基础不太好，她便把思维量较大的习题，添加几个"思维梯子"，让学生能一步一步地想得到、做得出。引发学生的学习兴趣和获取学习的成功感。她在这所普通中学任教近两年，同样取得了优异的教学成果，师生对她都是交口称赞。

顾长乐老师的业余爱好是听越剧，她几乎收集了市面上能收集到的越剧各流派的光盘。她特别喜爱越剧中的小生徐玉兰派和陆派，她说徐派唱腔高亢、委婉，陆派则潇洒流畅，都能把所扮演角色的特点活脱脱的刻画出来。这种刻画是一种生活融于艺术的刻画，呈现给观众的是一种对"美"的享受。她说，听点越剧对教学有帮助，教学过程也是一个审美过程，教师在和学生的交往中，要把教师自己对学科的认识和理解再创造，让学生听课就是一种享受，要这样，教师就必须想方设法把自己要讲的知识用最符合学生学习习惯的方式，用最"美"的方式呈现出来，这样师生才会彼此更容易接受。不会"审美"的人，是当不好教师的，听越剧，有一个很大的功效就是培养、锤炼自己的审美观。这样，自己不足的一面，也会以"美"的形式呈现出来。比如，顾长乐老师上课的板书，从书法角度看，确实不美。但从教育的角度看，她的板书文字错落有致，重点突出，科学简捷，便于学生观看和记忆，是真正为学生服务的板书。我当然也看过一些老师的板书，从书法角度看，确是好板书，字体漂亮，整齐，段落分明有序，满满一黑板，真是舍不得擦掉的书法艺术珍品。可是，从学生的角度看，满满一黑板，学生找不到重点，找不到思路，眼睛不太好的同学甚至看不清黑板上写的是什么。于是失去了教育的功效，从教育的角度看，这种板书就一点也不美！

顾长乐老师是文理兼修的学者，是活到老学到老修身到老的光辉榜样，我有幸在 1988 年前后的学校元旦联欢会上，与顾老师一起说了一段我们自己编的相声，观众的掌声不绝于耳。现在已经 50 多岁的北京师范大学附属中学现任校长王莉萍，曾是顾长乐老师的学生，在回顾她的成长过程时说："如果今天的我，可以称为一个好老师的话，那么我首先要将这份荣誉送给我的恩师——物理特级教师顾长乐先生。与顾先生相识整整 30 载，一路走来，缘于对先生的'仰望'，我立志成为一名中学物理教师；坚定于对先生的'追随'，我得以在专业发展之路上奠定根基、茁壮成长。"

第二节　张岩深受学生喜爱

北京师范大学附属中学有一位数学女教师张岩，她从刚一踏上教师岗位到退休，都特别受各届学生的喜爱。张老师毕业于首都师范大学数学系，由于工作需要，只教了两年高中，其余时间都在教初中。很多年轻教师都问过张岩老师一个问题：

"张老师，您能告诉我们，学生为什么那么喜欢您吗？"

张老师总是这样回答：

"其实我也不知道学生为什么喜欢我，我只知道我是打心眼里喜欢学生，我心甘情愿为他们服务。有时我也总觉得我也是个学生，和这些学生们在一起，他们让我很快乐！"

简捷的回答中，没有大道理，没有深奥的教育心理学原理，但是透过这个简捷的回答，我们已然领悟了"教育"中饱含着的爱的真切和张老师对教育事业的那份完美追求。

"这是我应该做的。"这是张老师最爱说的一句话，她总是能把对学生的爱，具体展现出来，而又不愿留下任何痕迹。

我们一起来品味张老师的一个真实的小故事。

有一年她在教八年级时，她所教的班上来了一个插班生王小刚。班主任告诉她，这是一个很淘气的孩子，而且学习成绩很差，下个星期一就来上课。

张老师得知后的第一个反应，就是要深入了解这个学生。她首先要来了这个王小刚同学的学生登记表，记下了王小刚的家庭地址和他父母的联系方式。张老师先和王小刚的母亲取得了联系，得知王小刚之所以转学，主要原因是在原学校由于学习成绩，特别是数学成绩很差，经常与老师发生矛盾，常常不愿去上学，因此想换一个学习环境，并希望老师能够理解王小刚，给他以适当的关爱。

王小刚到了张老师班上之后，张老师没有立刻去找他，先让他自己感受一下新的环境，先让他有一种被关爱的感觉之后再找他聊聊。三天过去了，在数学课上，王小刚总是目不转睛地盯着张老师，张老师心里明白，他可能什么也听不懂，可是因为到了一个新的学习环境，总是要有一个新的好的开始，给老师一个好印象。张老师在想：应如何让这个学生激发学习的兴趣，树立能学习好数学的信心呢？

第四天，上完数学课，张老师走到王小刚桌子旁。

"王小刚，怎么样，这几天你还适应吧？"张老师很亲切地问。

"还行。"王小刚从座位上站起来回答。

"你要有什么不懂的地方，就来找我。两个学校的教学进度，教学方法可能不太一样，我看你上课听讲非常认真，可就是不爱说话，不爱回答问题，是不是到这个班里来还不习惯？"张老师接着说。

王小刚有点不好意思，低头不语。

张老师拍拍王小刚的肩膀，接着说："没关系，看你听课这么认真，一定能学好，有不会的就找我。"

"那您什么时候有时间？"王小刚问张老师。

"中午吃完饭你来找我吧，我在办公室等你。"

中午，王小刚到了张老师的办公室，张老师把他拉到自己旁边坐下来，轻声慢语地和他聊天。王小刚逐渐变得很放松。

"张老师，说实话，我上课很多都听不懂……"

"没关系，你说具体点，我可以再给你讲一遍。"张老师说得很亲切。

王小刚沉默了，脸也红了。

"没关系，你有什么困难照实说。"张老师的话说得很诚恳。

"我的数学特差，初一就没学好，听什么都觉得特难，跟不上。"

"没关系，只要你想跟上，只要你想学，我们俩合作，就凭你上课认真那样子，一定能学好。"

张老师几个亲切的"没关系"，让王小刚开始兴奋起来。

"张老师，我真的很想学，可我落下的太多了，您能帮我吗?"王小刚似乎在乞求。

"没问题，我相信你，咱们从今天开始，过去的咱们慢慢补，新学的一定不要落下，好吗?"

"那我今天放学了来找您补补这几天新学的，好吗?"

"好啊，你这么主动想学，我当然高兴了!"

就这样，王小刚在张老师的关怀下开始了新的学习。张老师几乎每天有数学课时，下午放学都会在办公室等王小刚，就最近的学习内容，让王小刚能跟上。在以后的课堂教学中，张老师总要根据王小刚实际情况，亲自设计几个问题，鼓励他举手回答，他一般都能回答对，张老师就及时对他给予肯定和表扬。在每次课堂练习中，也特意为他设计了一两个他能力所能回答正确的题目，帮他建立学习的信心。

期中考试要来了，张老师特意语重心长地和王小刚说："你数学确实有进步，但是由于你原来基础不好，所以不可能一下子就有特别大的提高，我只希望你能做到，只要是你会的，就一定争取做对就可以了，不会的咱们再慢慢补，学习是要有一个过程的。"王小刚在这次期中考试中只得了 40 分(满分 100 分，班平均分为 82 分)。张老师在他的卷子上用红笔写了大大的 12 个字"很有进步，来之不易，继续努力"。并在课后又找到王小刚，告诉他："你要和你自己比，你很有进步，凡是你会的，你基本上都做对了，这就很了不起，这 40 分是你真实的成绩，来之不易，凡是你不会的或做错的都与曾学习过的初一数学知识有关，只要咱们努力，你一定能有更大进步，我估计你期末考试能过 60 分，一定要看到自己的

进步，这样你才能有勇气往前走。"张老师还及时联系了王小刚的家长，希望家长客观地看分数，要对王小刚多鼓励，要加强他学习数学的信心。

就这样，王小刚在期末数学考试中果然考了 67 分，这是王小刚自上初中以来最高的数学分数！虽然这个分数离班级平均分 87 分还差得很远，但这是王小刚勤奋学习一学期的真实收获！王小刚的妈妈哭了，王小刚哭了，这是经过自我努力之后，证明自己能够学好的欢快的充满信心的眼泪。

张老师问王小刚："我是不是可以在班级上表扬你，因为你虽然考的分数还不高，但进步幅度很大。"

王小刚脸红了，两行热泪顺着脸颊流了下来，真诚地向张老师说："谢谢您，您让我看到了我能学好数学的信心，您千万不要表扬我，我和其他同学还差得很远，我还需要再努力，我相信我能考得更好！下学期吧，我如果考过了咱班的平均分，您再表扬我！我相信我一定可以！"

"好！我相信你，我更尊重你的意见。"张老师也被王小刚感动了。

经过一个寒假的师生合作努力，王小刚不但数学成绩上去了，其他各门课也都先后展现了积极向上的现象，人也开朗了，上课也经常举手发言了！第二学期期末考试，王小刚居然考了 87 分(班平均分86 分)。

班主任找到了王小刚，让他在班会上介绍一下他的学习经验和心得，王小刚在班会前写了好几页的发言稿，可是当他站在讲台上时，却一句话也说不出来了。

全班鸦雀无声，沉寂中，只听见王小刚哽咽着说："谢谢老师和同学，这是我上学以来第一次得到这样的尊重，我真的特别感谢所有老师和同学，特别是张老师，在咱们这个集体中，我才开始找到了我的自尊，才知道我应该如何学习……"王小刚说不下去了，15 岁，175 厘米高的大男孩已然泪流满面。他走下讲台，听见了全班爆发出来的震耳欲聋的掌声。虽然前进不是一帆风顺，但是王小刚确实从此开始逐渐进步了，初中以良好的成绩毕业，考取了本校高中，又考取了北京航空航天大学……现在已经是一名航天工程师了。

王小刚同学毕业后一直与张老师保持着联系，他在给张老师的一封贺年卡片上曾这样写："我非常荣幸成为您的学生，正是因为您对我的关爱，让我这个曾一度对自己的前途迷茫的孩子，看到了我生命的价值，有了前进的动力和自信，我知道您最不想听我说什么对您感谢的话，我只想真诚地告诉您，我正在您的关怀下长大，我沐浴在阳光下，我对我自己和我的前途都充满了信心和希望。"

在张老师的数学课上，"鼓励冒尖"的事例就更多了。经常会有思维活跃的学生提出五花八门的数学问题，还会有很多的对某个数学问题的奇思怪想，张老师总能够巧妙地把学生的学习积极性最大限度的调动起来，并又能巧妙地集思广益，最后形成相对统一的意见，让"冒尖"的学生有成就感，并把他们的思维有效地转化为全班同学的收获。

张老师的教育生涯中，几乎都是这些动人的真实故事，她每接一个新班，都要认真查阅每个同学的入学登记表，只要时间允许，她总会去家访。北京很大，有的学生家住很远，她都是自费来往，从来不声张。她没有什么显赫的什么什么模范、特级之类的头衔，有的只是对学生的无私的奉献。张老师用她最朴实的教育行为，诠释了教师的深刻内涵，她把科学(数学)教育与朴实的人文教育紧紧地融为一体，实现着她最纯朴的职业价值观：教师要全心全意地为学生的健康成长服务。

她说："我不是教育家，也不是数学家，我就是个孩子头儿。我喜欢这些孩子，看见他们成长，看见他们进步我就高兴……"

这就是有最朴实教育情怀的张岩老师，她确实没有什么市级或区级的"优秀教师"或其他的光环，但她的光环是无形的，是印刻在她所有学生及其家长心里的。

她从做教师的第一天起，就兢兢业业、任劳任怨、一心扑在学生的健康成长上。

学校没有要求教师必须家访，她却把"家访"当作了她当教师必须做的首要功课，因为她知道，对青春期孩子的教育，必须是"家长与教师通力合作"，才能完成得更完美，对家长的尊重与沟通会有效地反映在学生的健康成长上。因此，她与她的学生的家长，几乎都是相互关心的知心朋友。当然，学生来自不同的家庭，每个家庭都有独自的特点，有高傲

做作的家长；有因为某种原因自卑的家长；有对孩子根本不管不顾的家长；有认为自己的孩子就是"天才"的家长……当然，更多的家长是非常通情达理的，能积极与老师合作。张老师无论对什么家长，都一视同仁，只不过对不同的家长会采用不同的沟通策略，达到共同联手教育孩子健康成长的目的。无论什么样的家长，都会被张老师的真诚感动，不但会逐步接受和喜欢张老师，还会自动形成一股支撑学校教育的力量，使学校教育事半功倍。学生们喜欢张老师，与张老师充满善意的家访和实事求是的与家长沟通，显然息息相关。张老师从来不命令家长应该做什么，总是以相互尊重为出发点，共同商量怎么样更好促进孩子的健康成长。张老师不辞辛劳的家访，学生们看在眼里，记在心上，落实在一步步健康成长的过程中。

张老师的数学课很受学生欢迎，因为她知道，"教师的人格魅力"首先体现在"课堂教学上"。她经常去北京师范大学附属中学隔壁的北京市第一实验小学听数学课，她必须知道小学为初中学生做了哪些知识储备，她也时常坐在本校高一数学课教室，她必须知道，高中数学对初中数学有什么基础要求。有的老师看她太累，劝她不要太辛苦，她乐哈哈地回答："学习怎么会累呢？听听高中和小学数学老师的课，很享受呢！"

张老师总有一颗跳跃的童心，和女学生一起跳绳，看男学生踢足球。为了与学生有共同语言，她在家看"足球世界杯"，为的是能在学校课余时间与学生谈论"足球世界杯"时，她也有话语权。事实上，所有优秀的教师都是这样做的：教多大年龄的孩子，就要把自己"返老还童"到那个年龄，这样，才能和学生打成一片，带领学生一起健康快乐地成长。

当然，也有个别非常调皮捣蛋的学生，但张老师总坚持"对小进步做加法，若干小进步就是大飞跃"；"对缺点做减法，缺点减一个少一个，慢慢地会量变到质变"的原则，许多原来调皮捣蛋的学生，都成了张老师的好朋友，逐渐成了好学生。

由于学生的再三挽留与恳求，张岩老师推迟了5年才退休。

基础教育的教师工作，确确实实是一个极平凡的工作，无论教师有多大的年龄与学问，也只能和小朋友们打交道，要和青春期情绪不稳定的孩子们同甘苦、手拉手共同成长与进步。

谁家都会有上中小学的孩子，谁家都盼望自己的孩子能碰上一个好老师。张老师就是家长与孩子们翘首企盼的好老师，尽管她没有多大的"名气"，但她有对学生坚守爱心的职业道德，有把工作当作事业的伟大胸怀。在她当教师期间，她一直在追求教育的美好！

学生们对她的赞誉，就是她最可宝贵的光环！

这就是北京师范大学附属中学的张岩老师。

然而我们个别的老师却不能让学生尊重，学生对他们或根本不理睬或敬而远之。其原因也很简单，不是这个老师本人对学生总表现出一副不尊重的架子，就是这个老师的教学行为本身没什么让学生尊重的地方。

比如我认识一位有名声的老师，虽然他的知识很丰富，课也确实讲得不错，也能为学生设计很好的学习策略，可是学生就是对他敬而远之，甚至有的学生非常怕他，怕到有时不敢上他的课。什么原因呢？

原因就是这位老师虽然也热爱教育工作，从心眼里也喜欢学生，可就是说话太随便。当学生有问题或者回答问题出现一些比较幼稚的错误时，他就会很生气地说学生"笨"呀什么的。他是"说者无意"，学生是"听者有心"。受批评的学生也好，其他学生也好，都很不喜欢"笨"这个修饰学生但不是很尊重的字。

有时这位老师还不太拘小节，比如快上课了，还要吸一口烟；穿衣服也不注意，衣着不太适合教师的身份等。

这样，一天两天没什么，时间久了，就慢慢在学生中形成了一种我们前面说过的"教师现象"，有几个学生对他有意见，会一传二、二传三，三传多的传开来，形成了对这位教师的独特的不理想的"教师现象"。

这是两个真实的老师的故事，教师之所以被人们特别尊敬，就在于教师对学生的良好的潜移默化。在和学生接触中的一举一动、一言一行，无不影响着学生的成长与发展。

我在学生中做过一个调查，问他们最喜爱什么样的老师，归纳学生们的意见，学生们最喜爱的教师应该是：

A. 尊重学生，师生之间能真诚地进行情感交流；

B. 与时俱进，知识渊博，能有时代语言与情感；

C. 教学方法得当，新颖，留作业少而精；

D. 平易近人，对人对事公平合理；

E. 讲文明，注意自身仪表；

F. 实事求是，对学生严格要求。

以上这几条，特别是前两条，仅仅是我调查的三个学校中近 600 名学生中比较集中的观点，这其实就是中学生对老师的期望。从中也能够看出和感悟到中学生最需要得到的还是老师对学生的最真实的、朴素的、对他们成长确有帮助的情感。学生们渴望和老师之间进行具有时代感的、互动的、积极的情感交流。这或许就是中学教育与大学教育最重要的区别之一。中学生需要老师理解他们的年龄、他们所处的时代、他们的喜乐哀怒、和他们的内心需求。他们需要对老师就如同对他们要好的朋友那样，能向老师倾诉他们对世界的幼稚的认识、释放他们内心的矛盾与期盼，期望得到老师的最真诚的理解、尊重和帮助。他们期望老师能成为他们最知心的朋友之一。在他们眼里，老师是时代的、文明的、文化的、有素质的榜样。老师的一举一动、一言一行，在学生心目中都有期待的榜样和偶像作用。因此，老师在与学生接触中所发生的一切(学科素养、教学水平、人文素养与人文精神)，全构成了教师的点点滴滴的教育行为，每个学生都会对这"点点滴滴的教育行为"打分，其结果就形成了教师在学生心目中的教师形象，也就是"教师的人格魅力"，这个分数越高，教师的"人格魅力"就越高，这个分数越低，"教师的人格魅力"也就越低。

其实，每个教师都不可能做得完美无缺，每个老师都有其个性上的或者是性格上的，或者是知识上的，或者是其他什么方面的弱点甚至缺陷。但教师应当相信学生，教师只要是真诚的，学生就会更真诚、更公正，对老师的任何过失都可以包容。几十双学生的眼睛，聚焦在一个老师身上，他们最能够透视出教师对教育事业的真诚、对学生的发自肺腑的关爱。

张岩老师就是一位深受学生爱戴的阳光老师。

第三节　钟善基教授是永远的教师

在我国数学基础教育界有一位德高望重、教师人格魅力很高的老前辈：永远的教师——钟善基先生。

钟善基先生(1923—2006)是我国著名数学教育家，北京师范大学数学科学学院教授，我国数学教育学科的主要创立者和奠基人，北京师范大学附属中学 1941 届校友。1953 年之前曾在北京师范大学附属中学任教。钟善基教授平易近人，人们都习惯称他为钟先生。

我和钟先生认识得很晚，虽然我很早就知道钟先生是我国基础教育界一位赫赫有名的学术精湛、为人朴实的权威，但由于我不是北京师范大学的毕业生，对先生只有仰慕，而没有机会得到先生的教诲。一直到 1997 年秋天，钟先生作为我校的校友，回母校看望师生，提出要听几位教师的数学课，主管教学的主任征得我的同意，请钟先生走进了我的教室。

那天我的课是高一立体几何习题课，纠正学生在考试和平时作业中的一些错误。和平时上课一样，课堂气氛很活跃，师生的思维在如何学好立体几何这一条主线上交织在一起，最后师生达到一个共识：学几何必须要有"图感"，对基础几何图形和所要研究的几何问题的图形要认真分析和研究——"几何问题无图不说话，无图不做题"。下课后，钟先生和我走进教研室，钟先生说："不错，不错，学生一直在和你一起思考问题，学生的学习情绪调动得很好，你在黑板上画的几何图形干净利落。能把图画得好，是数学老师的基本功。"

钟先生问我："我喜欢你那几句话：'几何问题无图不说话，无图不做题。''学几何要有图感。'你这几句话是从哪儿看到的？"我说："是我自己琢磨的。"钟先生说："课就是要自己多琢磨，仔细琢磨'琢磨'这个词的学问大了。其实备课就是琢磨，琢磨你上课要教什么，怎么教，你要让

学生学什么，怎么学，把这两件事琢磨透了，课自然就上好了。咱们老师就是为学生服务的，说白了，就是伺候学生的，备课就是琢磨如何把学生伺候好了，我就伺候了一辈子学生。有些老师老不明白这个理儿。"钟先生一席很朴实的话，把教师这个职业的本质揭示得淋漓尽致。钟先生接着说："特别是咱们教数学的，上课时少讲什么这个思想那个思想的大道理，讲课要落到实处，关键是要启发学生去想，让学生自己在不断思考中悟出大道理。"已经到了中午放学的时候，主任来请钟先生去吃饭。钟先生对我说："我是北京师范大学附属中学的学生，有机会再来听你的课。"我说："只要您有时间，欢迎您常来指导。""又客气不是，我是北京师范大学附属中学的学生。"钟先生爽朗地笑着对我们教研组的老师们说，"咱们是一家子，我这是回家。"一句话把全组老师都逗笑了。

这是我第一次和钟先生面对面的接触，没想到一位基础教育界的学者，竟如此平易近人，把一些深奥的教育理论说得这样通俗易懂。

1998年春天，我和青年教师王刚一起教课，在王刚老师的帮助下，我学会了使用电脑数学教学软件"几何画板"。同学也对学习使用"几何画板"表现出了极大的热情，很快就能使用自如了。于是师生们共同设计了一堂使用"几何画板"解决实际问题的数学课(用现在的观点，就应该叫探究课)。此时正好知道北京要举办"信息技术在数学教学中的应用"的研讨会，征集相关课例。我们决定把我们这节课录制下来送去。王刚老师主讲，我们班两个学生从他们自己家拿来摄像机，并由这两个学生自己对这节课进行了课堂实录。由于学生摄像水平有限，画面不太清晰，但本节课所要反映的师生一起使用"几何画板"，探究数学问题的本质内容还是反映出来了。钟先生在市基础教研中心看到了这盘录像，立刻打电话给我们，说当天下午要到我校和我们交换意见。下午一点多钟，钟先生来到我们学校，径直走到电化教室，钟先生边走边说："电脑这玩意不错，我是眼睛实在不行(钟先生不仅是高度近视眼，而且两眼视力相差很大，下楼梯都有一定困难)，否则我一定得好好学，特别是咱们教书的，教学方法一定得有时代感，时代不同了，学生的文化背景变了，学生的知识来源已经多元化了，教学方法当然得顺应学生的需要。"我陪着钟先生一起看录像，钟先生对这节录像课中，学生们的自主活动非常感兴趣，特别是看到学生在电脑上独立使用"几何画板"的各种功能，从不同角度对同一问题的不同方向的探讨，最终得到统一认识时，深有感慨地说："要是能这样用电脑上课，学生怎能不高兴呢！电脑是人脑的延伸，可以帮助学生更好地理解抽象的数学内容。学生通过'几何画板'对问题进行研讨，也更有机会展示自己的才华，大大提高了学生的学习兴趣，不同层次的学生都有相应的收获，一批优秀的学生脱颖而出，这是真正的因材施教。"钟先生还针对当时运用计算机上数学课的一些问题，说："教育是知识更新、传播和应用的主要基地。计算机进入课堂是先进的教学思想和技术进入课堂，是大好事。但有个别老师对计算机的使用有偏差，有的太花哨，喧宾夺主，快成了'动画课'了，还有的应当叫'电子黑板'，简直就是把课本内容照搬到电脑上了，显示不出计算机的特点。"我们就用这节录像课，参加了 1998 年冬在南宁举行的全国"信息技术辅助数学教学研讨会"，并获得十佳课例之一的荣誉。钟先生建议我们以这节课为例，写一篇关于计算机辅助数学教学的文章。后来我们写了《一堂计算机辅助数学教学课的启示》一文，获得了中国教育学会中学数学专业委员会第九届年会论文一等奖。为此钟先生还特地给我打了个电话，表示祝贺，真是体现了一个德高望重的教育家对后辈的爱护。

1999 年前后，我陪同钟先生到新建的北京师范大学良乡附中培育青年数学教师，钟先生的才华横溢、平易近人征服了每一个青年教师。钟先生不仅亲自和青年教师一起备课，然后听课、评课，还亲自上课示范。现在这些当年的青年教师谈起钟先生的课，还津津乐道："钟老先生有令人叫绝的教学基本功：明确的教学目的、准确简捷的科学用语、催人思考的亲切提问、漂亮的板书、精美的绘图、风趣的谈吐……真是'学为人师，行为世范'的光辉榜样"。

钟先生特别要求青年教师要多读书、多学习、多思考；不仅要讲知识，更要讲方法，提炼数学思想，培养学生的学习能力。钟先生谆谆教导年青老师们："教学目标的实施和教学内容的改革，主要通过课堂教学来进行，而对课堂教学的精心设计，则集中体现了教师从内容到形式以

及传授数学知识过程的认识和理解。因此，课堂设计的好坏，直接关系到课堂教学效果的成败。而要设计好一堂课，必须要有足够的数学文化修养。"为了提高这些教师的整体文化素质，钟先生亲自编写讲授提纲，以讲座的形式给他们讲授了中国数学简史，并给他们逐字逐句地讲解了世界上最早的、体系最为完整的教育专著——《学记》。

更让良乡附中数学老师们缅怀的是，钟先生萦怀牵累几年之久，亲笔一字一句修改他们的教案，以钟先生自己对教育事业的忠诚、对工作的一丝不苟以及对数学教育的丰富经验和远见卓识，以近 80 岁的高龄，言传身教这些从事数学教育工作的年轻人，把教书育人的根本目的和现代化的教学理念倾注于每位青年教师教案的字里行间。钟先生在良乡附中的一言一行深深地教育了我，使我和这些青年教师们切实体会到了作为一名教师，要把教育教学当作事业，毕生去追求它的完美和成功。

钟先生的业余爱好很多，尤其喜欢听京戏和看足球比赛。有一次我和几位老师陪他去湖广会馆听京戏老生名家清唱，钟先生对每位名家、每一出戏，都了如指掌。在听戏时，先生半合着眼，轻轻和着唱段的节拍，边点头边打板，细细品味每一段唱腔。听到兴奋之处，也会和其他戏迷一样，情不自禁大呼："好。"钟先生说："京戏的老生行当都源自谭鑫培，谭派要有一个又亮又脆的好嗓子，听谭派，就像吃心里美的萝卜，又甜又脆，掷地有声。后来学谭派的，又各有创新，马连良多了几分潇洒，余叔岩则多了几分韵味，言派委婉，奚派细腻，麒派苍劲……"听钟先生侃侃谈戏，犹如和他一起走过京戏的历史长廊，悟出"味儿"在京戏唱腔中的地位，更能理解品味出老北京人说"听戏"的"听"字的含义。更了解了钟先生知识的博古通今。听完戏，钟先生一边走一边说："老有人把咱们老师上课比作演员演戏，你们说这妥吗？"还没等我们回答，他接着说，"这很不妥，演员演唱，只要观众喝彩就行。观众并不要求演员把他们教会怎么唱，而且唱得比演员还好。老师上课则不然，老师在台上讲课，不但要让学生听懂，给老师喝彩，更要让学生学会，特别是要学生学会，这是老师最重要的责任。"一针见血地指出了教师职业的特点。

2003 年秋天，北京师范大学附属中学在校的全体师大数学系毕业生给钟先生过 80 岁生日。傍晚时分，钟先生按时到我校，着衣整洁得体，还系了一条漂亮的领带，既表示了对我们这些教育后辈的尊重，也显示了先生对生活的热爱。我们先陪先生参观学校新建好的教学楼，先生健步登上了楼顶平台，一眼穿过南新华街，便看到了北京师范大学附属中学的西校区。那里曾是北京师范大学旧址的一部分。钟先生是一直从北京师范大学附属中学读到北京师范大学毕业的，当先生看到他曾经学习过的地方已经旧貌换新颜，不无感慨地说："真是岁月如梭！"钟先生说："原来师大和附中就是一个不可分割的整体，师大的教授经常到附中来代课，附中教员也常到师大听课，相互学习。"当谈到北京师范大学附属中学是百年老校时，钟先生说："我在北京师范大学附属中学上学，在师范大学毕业后又回北京师范大学附属中学当教员。"接着先生讲了很多他上学时的风趣往事：他的国文课老师如何风趣幽默，几何课老师如何在黑板上徒手画圆比用圆规画的不差，体育老师如何和学生比赛，等等。话语之间流露出对北京师范大学附属中学的眷恋和深情。钟先生说："北京师范大学附属中学有很优良的传统，特别是北京师范大学附属中学的老师，个儿顶个儿的有自己的一套教学绝活。有学问有人品，同行服气，社会认可，最重要的是学生喜欢。教学一向讲究教师要活用教材，这个'活'，没有一定的知识基础和对教育的认识是很难做到的。'活'就是要根据学生的情况，讲得恰到好处，要给学生足够的思维空间，启发学生多思、多想，重视培养学生自学的能力。"说到这里，钟先生看了看我们，语重心长地说："咱们都有责任把北京师范大学附属中学的传统发扬光大，尤其是你们年轻人，是北京师范大学附属中学的希望！"

和钟先生认识以后，每逢放寒暑假我都要去拜望钟先生，钟先生总以一杯清茶相待。和钟先生聊天是不需要主题的，一句话，就是海阔天空。钟先生的学识渊博，令人惊叹！钟先生的爱好之多，令人羡慕！有时也会因为各自坚持自己的观点争论不休，只好保持对对方的尊重。当然我们谈论最多的还是教育。钟先生说："教育最怕的就是浮躁。什么时候也别忘了教师的根本，老师应当是学生心中的榜样和楷模。中学生，从十二三岁到十八九岁，正是精力旺盛、感情丰富、求知欲望强烈的阶

段，老师的一言一行、一举一动，都对他们有很大的影响。"钟先生常以他自己上中学时对当时老师的感受为例，钟先生说："虽然时代不同了，只能说教育的大环境变了，但教育的本质是不会变的。都是要想办法，如何把学生培养好，让他们能顺利地融入社会，为社会服务，在社会上能更好地生存。教学的形式无论如何变化，老师和学生在课堂上最直接的情感交流，还是必不可少的。也就是说老师的基本功还是最重要的。要做一名好的数学教师，除了对数学知识本身的认识和理解要准确到位，讲课还必须深入浅出。就是如何把你会的那点数学，以学生喜欢接受的形式说给学生，要符合学生的年龄和心理特点，要先让学生喜欢听，然后要让他们能听懂，最后要让他们能学会。"钟先生针对一些老师上课引不起学生兴趣，说："老师上课要讲精、气、神。也就是要精力充沛、气质儒雅、神采奕奕。这首先是对学生的尊重。讲课时，要让你的每一句话，每一个眼神，每一次提问，每一次和学生的对话，都能激发学生积极的思索。思维的活跃是上好一节课的关键。"这是多么精辟的对课堂教学的点评。

2003 年，我由原来在西栓胡同搬到了现在的开阳里。钟先生得知后，特地和其夫人王老师一起画了幅国画送给我。在我接过画的那一瞬，我真实地感悟到了：钟先生给了有着深邃含义的"良师益友"最好的诠释。

在我们相识的几年中，钟先生几次提出要到我家看望我母亲，由于种种原因，一直未能成行。2004 年春天，钟先生到我家看望我母亲。我母亲时年 95 岁，一进门，钟先生就客气地向我母亲说："我早就该来看望您。"我母亲说："谢谢，谢谢。"寒暄几句之后，钟先生知道我原籍是山西，他对我母亲说："山西出了很多文化名人，比如傅山先生。"我母亲立刻兴奋起来，让我取出《傅山先生书画集》给钟先生看。钟先生很认真地阅读了一会儿说："傅山先生是山西阳曲人，清初大思想家，能写能画，特别是他的书法，在我国书法史上有很高的地位。他曾提出'作字如做人'的书法主张。"钟先生又和我母亲谈论了很多有关"京剧"与山西"晋剧"的故事与传说等。钟先生告别后，我母亲说："看人家钟教授，什么都懂。"我也没想到钟先生的知识覆盖面会如此之广，连我们山西"晋剧"都如此了解。

2006 年春节，钟先生告诉我，他正在写回忆录，想好好总结一下自己曾走过的路，只是想以自己为例，向家人以及亲朋好友提供一些借鉴，并告诉我说已经写到高中阶段了，等写完了高中阶段，给我看看。我很高兴，这是钟先生对我的信任和厚爱。我想，阅历和年事本身往往就是严肃的老师，何况钟先生有 60 多年对教育事业孜孜不倦的完美追求，他的回忆录中的任何一句话，都会成为从事教育事业的后辈们，可以学习的经典。

和钟先生相识近 20 年，先生的品德、学识和对生活的热爱，深深地教育和影响了我，使我对什么是教育、什么是数学教育、什么才算是一个称职的教师、怎么样才算是快乐的生活，有了更深切的理解。钟先生辞世以来，我时常会不由自主地想起他，那是一种对恩师的思念，对亲人的思念，对相知好友的思念，更是一种说不清道不明的含在内心深处的莫名的思念。

第四节　关于教师的人格魅力

一、　什么是教师的人格魅力

教师的人格魅力，就是教师在教育过程中"点点滴滴教育行为的总和"（这个总和是数学上的代数和，有正值也有负值）。"点点滴滴教育行为"是指在教师的教育教学过程中的所有言、行、举、止。而这个教育教学过程中的对象，不单单是指这个教师所教的学生，也包括这个教师不任教班级的学生，也就是学校的所有学生。

事实上，从教师一踏入学校的大门，他对学生的教育行为就开始了。比如进校门时值班的学生会对老师行礼，老师是面带微笑有礼貌地回应，还是不予理睬扬长而去，这位老师会给值班学生留下是否有礼貌的印象；

在校园里，一位老师随意丢掉一块纸屑，学生会认为这位老师不拘小节、不爱护校园环境等，可以说，教师进入校园之后的"每一个行为"，对学生都有"教育功能"。所以，这个"教育过程"，就是指在教师所在的教育环境中，他所参与的所有教育行为的过程。

从宏观上看，"教育过程"是这个教师从第一次踏进这个学校开始，一直到他退休(或其他原因)离开这个学校为止，在这整个几年甚至几十年的教育过程，当然这个教育过程是由微观的一个学年、一个学期、一堂课，也包括和某个学生的一次谈话或在校园内的一举一动等教育行为组成的。

从学生的角度看，这个学生在校期间，在与某个教师直接或间接的接触之中，他们都会深刻地感悟到这个教师的教育行为。小到一个简单的问候，一个不经意间的对话；大到他恰好是这个教师任教班级的学生，一直和这个老师打了至少三年的交道。

显然学生对教师的关注，最多还是在课堂上。

学生坐在讲台下，日复一日地观察、体会教师在"课堂教学过程"中的所作所为，从中洞察教师的学科水平、文化素养、性格特点和兴趣爱好等。总之，教师在讲台上受到学生从不同角度的审视，学生会根据所观察到的，得出自己的判断，决定是否喜欢、接受这个教师。

正是由于学生对老师的深刻了解，学生可以在他们的元旦晚会(或毕业后的一次次聚会)上，惟妙惟肖地模仿他们感悟至深的老师的举手投足和语言特征，宣泄对教师的满意或不满意的情感。

我们前面几次谈到的，中学教师面对的是未成年的孩子。他们活泼可爱，情感丰富，易于感情用事，往往感性大于理性。他们首先需要的不仅仅是对"学生的尊重"，更是对"青春期学生的尊重"，也就是对他们"年龄"的尊重。

无论你有多大的学问，不了解这一点，千万不要走进中小学大门。因为，中小学生首先要开启的是"情感大门"，而不是"知识大门"。

因此，在当中小学教师期间，必须认真想明白"我是否喜欢当中小学教师这个富有极大'情感'因素的工作"，如果你是教数学的，无论你有多么雄厚的数学功底，无论你对数学研究有多么痴迷，都必须明确一个中小学数学教师实际面对的是"中小学生"，在中小学生面前，教师就是一个"数学教育工作者"，是以所教"数学内容"为载体，引导学生能正确地、科学地从数学这个角度去观察、理解和认识世界，为学生形成科学的世界观，助一臂之力。中小学教师给自己准确的定位、明确自己职业的特点，这是十分重要的。

当你选择了中小学教师这个职业，那就意味着和风华正茂、情感丰富的中小学生共同度过教育过程。在这个过程中，师生当然会有不间断的摩擦和矛盾。解决这些摩擦和矛盾，自然主要靠教师。这就需要教师时时处处以"为学生的成长和发展服务"为前提，多学习、多思考、多请教、多沟通，让师生一起享受教育的快乐。

教师要经常问问自己："我喜欢学生吗？学生喜欢我吗？"在这两个"喜欢"当中，只要有一个是"不"，那么这个"教育过程"就肯定不通畅了，肯定出现了"堵塞"，那么就要积极想办法疏通，让教育过程流畅起来。

面对教师，学生是一个整体。一个教师对学校内某一个学生的教育行为，无论是不是该教师任课的班级，都会通过"学生通道"，在学生中扩散开，如果多了，就会成为"教师印象"。这种对某教师的"教师印象"还会一届届传下去。当一个教师到一个新的班级去任课时，往往这个班级对这位教师的往闻、趣事形成的"教师印象"，早已在这个班传开了。这种"教师印象"一般很难改变。

于是，我们说：一个教师一定要在自己的教育行为开始之前，就有足够的心理上的和精神上的准备，使自己的教育行为，有一个良好的开始。当你第一天上班去到学校时，就要穿着适合学校环境的衣服；当你碰到第一个学生(无论是哪个年级，哪班的)向你问好的时候，一定要礼貌得当地给予回应；当你第一次走进教室的时候，一定要仪态大方；当你第一次讲课时，第一句话一定要想好了，怎么说才能恰如其分地让同学认识你的内涵；当你第一次板书时，一定要给学生留下起码是"规矩认真"的印象；当你第一次批改作业时，一定要注意你的红笔留下来的印记给学生的感受；当你在课堂上第一次提问时，一定要让学生体会到"尊

重"……这些所有的第一次，就会让学生基本勾画出对你的印象。

二、 让学生感受阳光教师的爱

我们在前面介绍了几位优秀的老师，他们以优秀的"教师的人格魅力"赢得了学生的尊敬和爱戴。这些千百万教师的优秀代表，是名副其实的"阳光教师"。他们告诉我们一个道理："教师的人格魅力"对学生的影响，是一种任何教科书、任何奖励、任何校规校纪所不能代替的无形而强大的教育力量。

"教师的人格魅力"的核心，是教师对学生的发自内心的"爱"。父母亲爱自己的孩子是人的本能，而教师的爱，爱的是别人的孩子，这种爱更伟大，是一种大爱无疆的神圣的爱。当然教师自觉自愿地"爱学生"，也并不是一件容易做到的事，然而能够让学生感受到"教师的爱"就更是难上加难。在学生的心目中，教师是社会规范、道德品质、文化知识、智慧情感等的统一化身。他们把"教师的人格魅力"高的老师，作为自己学习的榜样，模仿这些老师的品行、情趣、行为举止和音容笔迹等。也就是说，如果学生真正感受到了老师的"爱"，这种"师爱"就能化为一种教育的力量，使学生能够"亲其师"，从而"近其道"。

提高"教师的人格魅力"，让学生深切地感受到老师的"爱"，关键还在于努力提高教师的综合素质。从我的教育实践中，我体会到：教师的课堂教学、与学生的每次交流和沟通，都是教师的教育行为。这些教育行为，当然都是以教师的综合素质为基础的。而教师的综合素质，是在任何学校的课本里学不到的，是一个教师平时对生活的热爱，对生命的关注，对完美教育的追求，时时学，处处学，逐渐积累形成的。

这点点滴滴的教育行为，是以对教育事业的完美追求为基础，以教师本人的科学素质和人文素质的综合修养为前提的。有了这个基础和前提，教师就会从内心发出对"教育事业的爱"和"对学生的爱"，也就会想出各种办法让学生能感受到老师的爱。这样的教学行为就构成了教师的"人格魅力"。学生对教师的评价，是一个综合评价，是对教师的所有教育行为的整体评价，也就是对教师"人格魅力"的评价。

第五章　寓德育于学思课堂之中

第一节　学思课堂是德育的沃土

学生在学校的时间，大部分是在课堂上度过的。每一位老师在给学生上课时，都无形中肩负着对学生进行德育的重任。对课堂教学的关注，当然也就与课堂教学的德育功能有关了。

课堂教学本身就充满了德育的内涵。学生们在课堂上不仅是在学习科学文化知识，也在学习教师的品德修养。德育是在课堂教学的过程中，对学生进行着潜移默化的。也就是教师的人格魅力对学生的作用。因此，教师不能仅关注课堂教学的学习效果，更应关注教师是如何"把德育寓于课堂教学之中"的。在学校，教学与德育永远是不可分割的整体，只有真正把两者合二为一，相互支撑，才能起到"教书育人"的目的。

每个老师在与学生接触的过程中，都有德育的功能。特别是在课堂教学之中。我们在前面曾介绍了许多优秀的老师，例如我们几次提到的顾长乐老师、张岩老师，她们的很多学生毕业后在回忆她们时，总是说，正是由于顾长乐老师、张老师的课，使他们养成了思维严谨、办事认真的好习惯。虽然我们提到的老师各有各的特色，然而他们有一个共同特点：**"寓德育于课堂教学之中"，这也是学思课堂的重要功能。**以老师自己模范的教学行为、无形胜有形的教学态度，在让学生获得知识的同时，更获得了要做一个高尚的、有修养的、有知识的人的人格熏陶。使得老师在课堂上的教学过程，成为促进学生品学兼优的过程。**学思课堂** 也就成了名副其实的德育的沃土。

教育是心灵养育心灵的事业，在学校，教师是养育学生心灵最重要的人群。所有的老师，都在用他们对学生的尊重、耐心与包容，也就是用他们的人格魅力感染着学生。当教师用真诚健康的心灵养育了一个又一个健康向上的心灵时，教师的心灵，也同时获得了净化和升华，教师的生命也就会由此而更有价值。

所有受到恩泽的学生，在他们取得点点滴滴的成绩时，都会不时地回忆起他们的恩师。

正如 2009 年教师节前夕，温家宝总理在北京三十五中学考察时，对学生说的："无论一个人地位有多高，贡献有多大，都离不开老师的教诲和启迪，都凝结了老师的心血和汗水，在老师面前，永远是学生。"

第二节　学思课堂使德育与智育相互支撑

一、 德育永远都是第一位

学校教育的目的是"立德树人"，而在学校内实现这个"目的"的主渠道是在课堂教学的过程中。在课堂教学中，教师虽然主要在讲授学科知识，而实际上是通过学思课堂在"教书育人"从而实现"立德树人"。

在本书中介绍了许多在平凡教师岗位上的优秀教师，如北京师范大学的钟善基教授，北京师范大学附属中学的顾长乐、张岩老师，北川中学的刘亚春、邓家军老师等，他们仅仅是在平凡的教师岗位上，做出"立德树人"的千千万万教师的代表。

教师，是阳光下最灿烂的职业之一，用他们自己的"人格魅力"与"学识风范"，影响着一批又一批的青少年在阳光下成长。

中小学学生涉世不深，世界观、人生观都在形成之中，由于情感特别丰富，很容易受到外界的影响和干扰，可塑性很强。

我教了 50 多年中学数学课，其中有 30 多年在当班主任，就是在我只作为任课教师的几年中，我也始终有"班主任"的意识，我始终不渝地把"德育"，放在我教学的第一位，让学生养成良好的行为习惯和道德品质，并逐渐形成科学的价值观、人生观和世界观。

然而，德育不等同于说教，学生对枯燥的说教不仅听不进去，有时甚至会很反感。德育也好，班主任工作也好，都是非常重要的。一个学生的健康成长肯定离不开德育和班主任的辛勤工作。问题是如何才能使学校的德育工作、班主任工作更有实效。于是问题又回到了我们以前一直在提到的对学生的尊重，特别是对学生年龄特点的尊重。老师对学生的教育所使用的语言及其内容，一定要是学生这个年龄段能够听懂、能够理解和能够接受的语言。不能用成人的思维习惯来简单地与还处在孩子情境中的学生进行对话。

我们前面已经介绍了北京师范大学附属中学优秀的张岩老师，她同时也是一个非常出色的班主任。她的很多学生都一直和她保持着亲密的联系。**她班主任工作做得优秀，其中最重要的一点，就是她始终把自己也定义在一个学生的位置上，和学生如师如友。**

二、 让宽容成就美德

北京师范大学附属中学的语文课老师孔繁潜，同时也是一位优秀的很受学生欢迎的班主任。这里我们先说一下他的两件小事。

有一次，我在听他上课。上课过程中间，趁同学阅读的时候，他慢慢走下讲台，不经意地走到两位同学面前。这俩学生正好坐在教室的最后一排，正好就在我的前面。只听孔老师悄悄地和这俩同学说："你们一直在玩游戏机。我早就看见了。我不批评你们，只是想告诉你们，不是我看不见你们在玩，只是我给你俩留点面子，让你们自觉地改正错误。"这俩学生先是一怔，然后频频点头，表示自己错了。从学生的眼神中可以看出，他们有些不好意思，对老师充满一种感激之情。孔老师这一招还真见实效，这俩学生还真的把游戏机收起来了，再也没玩，在接下来的课堂时间上，他俩都在认真听课，还积极发言。

还有一次，孔老师让一个同学背诵一篇课文，这个同学开始时背诵

的精气神十足，大家听得也很入神。可是，背到大半部分时，忽然背不下去了，可能是剩下的最后一小段给忘了。教室里立刻安静得一点声音都没有，只听孔老师轻轻地说："不慌！不慌！"并又轻又慢地做了一个极简单的提示，好像只说了一个字，那个背诵的学生立刻就非常流畅的把剩下来的部分情绪高涨地背完了。

这虽然说是两件课堂上发生的小事，但也足以看出孔老师对学生自尊心的保护。课堂上多给学生一点宽容，会让学生对自己更自信和更加尊重老师的教育。

孔老师说，他对自己班主任工作的定位和期望是："培养学生达成健全甚至完美人格"。

他认为要通过文化感染、环境清新、习惯成性，从氛围到心灵到言行，相互渗透三位一体；班主任要做学生的示范者、交谈者、激励者、协调者、督导者，要广泛涉猎，深入探究，了解"90 后""00 后"的兴趣爱好，让学生"爱听你的声音""爱听你的话语""总想听你说话"，达到春风化雨，润泽心灵的效果。而做好这些工作的前提是教师要做到对学生"愿意爱，能够爱，善于爱"。

孔老师认为"中学阶段承前启后，对一个人的一生的审美、价值取向以及思维与行为习惯的影响不可估量。以初、高中各三年为一独立单元整体设计，至关重要。根据学生的年龄特点，引导学生去面对生命、思考生命。协助其完成学生自爱、自尊、自省、自控、自查、自强的自我管理过程，进而惜时、惜缘、惜情。铸造生命的意义与价值。"

像这样优秀的班主任我认识很多，虽然他们各有各的特点，但有一点是共同的，那就是教师是在用"爱心"去全心全意地为学生的健康成长服务。有很多人会把"老师对学生的爱"比作"母爱"，其实这是不准确的。确实，"母爱"是世界上最伟大的无私的爱。但是这其中不可忽略的是，"母子之间"有"血缘关系"。而师生之间，是两个陌生人(一个成年人与一个未成年人)的一种极单纯的、只在某个时间段之内有效的、相互教育的关系。**老师向学生发出的爱，除了无私、自愿、真实、发自内心和不图回报，更多的还有教育本身的理性。是一种无私的、理性的爱。**

三、 情感线段

有一年我在教高二数学课时，有一天已经上课了，第二次铃声也响过了，我正要开口讲课，忽然有两个同学一前一后地跑进教室，满头大汗不说，只见后面的那个学生手里拿着一块板砖，要打前面那个学生，险象就要发生，坐在最前面的几个同学立刻站起来勇敢地抱住了后面那个学生，并把他手里的板砖给抢下来了，硬把那位同学拉到了座位上。这时，全班鸦雀无声。我所在的学校是一个很有声誉的学校，校风很好，平时没看到过这种"险情"，全班几十双眼睛盯着我，意思是看我如何处理，一瞬间，我脑海里出现了几个处理方案：直接把这两个学生送教育处，是最简单的处理办法，按照学校规章制度办事；也可以请这个班的班主任来，由班主任去处理。我没有这样做，因为发生在数学课上的事，应该由数学老师处理，何况这两个平时都是好学生，他们今天这是怎么了？由于是数学课，只能讲数学。我思索了片刻，回过头，在黑板上画了一条线段 AB。由 A 到 B 的大约 0.618 的地方，点了另一个点 M；同样由 B 到 A 的大约 0.618 的地方点了一个点 N。我开始了我的讲课。我说，我今天要讲一个由我自己定义的"情感线段"AB 问题。

A 点表示"人的情感"，B 点表示"人的理智"。M，N 分别为 A 到 B 与 B 到 A 的黄金分割点。

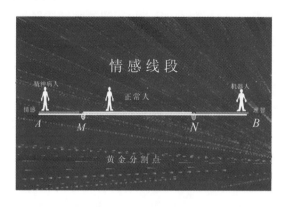

图 5-1　情感线段

一般来说，正常人应该在闭区间 MN 之间活动，我们把线段 MN 叫作"安全地段"。而 AM 和 NB 这两个部分，就是"危险地段"。在安全地段 MN，越靠近点 M，这个人的情感越丰富，长大了，可能去当演员等；越靠近点 N，这个人的理性思维越强，以后可以去当律师等。一般情况下，我们正常人都应当生活在"安全地段 MN"之内。

但是，如果有人越过了这个安全区间，那可就麻烦了。一个人如果在危险地段 AM 之间，这个人越靠近点 A，越是按自我的情感办事，不顾及别人的感受，不管周围环境的反应。如果真的到了 A 点的人，就成了"只按自己个人情感"意愿想做什么就做什么的人，常常会违背社会的道德规则，这种人一般是"精神病患者"。这时全班同学会意地哈哈大笑，我接着说，如果一个人在危险地段 NB 上活动，如果越靠近点 B，越是只有理智而没有人情，如果真的到了 B 点，那就成了只有按程序活动的理智而没有自我感情的机器人。我想没有任何一个人高兴和一个精神病人或机器人打交道。

我的话音刚落，刚才打架的那两个同学 A、B 就都站起来了。

打架的 A 同学说："老师，我刚才就是一个精神病，请您原谅。"

打架的 B 同学也说："我也是精神病，请您原谅。"

同学们都哈哈大笑，瞬间又立即安静下来，A、B 两个人站在那里。

这时，班长站起来发言："我代表全班同学请求老师让我们班自己来处理这件极不光彩的事，请老师相信我们解决问题的能力"。我还没来得及说话，班上的团支部书记也站起来了，说："我也代表全班同学请求给我们一个机会，也给这两个同学一个认识错误和悔过自新的机会，我保证，在下节数学课上课时，我们一定给您一个满意的解决方法。而且我们有一个小小的要求。"

"什么要求?"我问。

"希望您暂时为我们保密，不要把这件事告诉我们班主任和学校，如果明天我们解决得不好，您再去说。"

片刻的寂静之后，我答应了他们的要求，说："好的，我相信你们，我等你们。"请四位同学坐下，于是又重新开始上数学课。

　　第二天的数学课是在课间操之后。第一次上课铃声刚刚响完，我就推门走进教室。教室内比往常安静得多，我刚进门，全班同学立刻整齐地全体起立，像军训时那么整齐，说实话我还真不太习惯。我走上讲台，往下面一看，我发现今天的同学站得格外精神整齐，而且昨天那两个同学和他们的家长站在第一排。所有人的眼光都聚焦在我这里。我还没来得及说话，班长就已经走到讲台前面来了，班长说："老师，我们今天全班同学和两位家长一起，首先为昨天在数学课上发生打架的事，向您道歉，请求您的原谅。他们两个打架的同学为了表示他们悔改的诚意，特意自愿请他们的家长也一起参加。请借用数学课时间，让我们说说心里话，先请您坐在这里听我们说。"另一个同学给我拿来一把椅子，让我坐，我谢绝了，我说我愿意和同学一样站着听。

　　班长主持了整个道歉会。昨天打架的两个同学简单说了一下发生打架事件的原因，更主要是谈了他们回去后如何反思，进行了非常深刻的自我检讨，诚恳地希望得到老师和全班同学的原谅，并保证吸取教训，做一个好学生。说到痛处，两个大男生都痛哭流涕，还给全班同学深深地鞠躬，以示歉意和悔改的诚意。并当着全班同学的面，两个同学亲密握手、拥抱，此时，我的眼睛里闪烁着泪花，强忍着不让它掉下来。我用眼角扫了一眼同学，掉眼泪的已经不在少数。

　　接着，两位家长也分别做了简短的发言，主要意思是他们对小孩教育得不够，以后一定努力配合学校对自己的小孩进行管理教育，并表示相信这两个学生以后一定会在全班同学和老师的帮助下，痛改前非。

　　团支部书记最后发了言，他主要说了全班同学昨天放学以后自觉留下来商量如何解决问题的过程，还特别说了全班同学的心愿，和争取做一个好的班集体的决心。

　　会开到这里，班长问我有什么意见。

　　我只说了一句话："我相信同学们，这个事情到此结束，以后我们谁也不要再提这件事了。"

　　这时全班响起了热烈的掌声。我送走了两位可亲可爱的家长，于是好像什么都没有发生似的，开始上数学课。

从此，"情感线段"成了我教的这一届学生的口头语。

这是一件真实的事情，过后我想了很久，也激动了很久。对学生的尊重，是学生最需要的，尊重不能只停留在口头上，而要在教学实践中。

对于这件事，我最大的感受是：从尊重学生的角度，认真处理好在教学过程中的突发事件，对师生都是一种很好的教育过程，要和学生分享教育的成果。

学生的成长需要一个过程，有的孩子一夜之间就长大了，而有的孩子则要花费很多时间和精力。

青春期的学生常常会有偏执的思考，疯狂的发泄和青春期的躁动，我们要深信：叛逆终会被理解取代，叛逆总会回归。

不要放过任何一个机会，让学生感受到教师的关爱，这种关爱应当有的放矢，让学生感悟到批评也是关爱。批评不见得总要处分或直接和学生进行面对面的说教。给学生一点时间，让他们能自己认识到错误，自觉地加以改正，也许这是更好的教育办法。

四、 爱护学生的才华

人和人是不一样的，学生也是各有各的特点的，老师应该努力去发现那些有特殊爱好与才华的学生，然后再去好好培养。发现了学生的个性化才华，就要给他进一步发展才华的机会和为他的发展创造积极的条件。我们没有理由要求学生，对自己所教的科目必须优秀或者喜欢。一个学生对什么最感兴趣？最喜欢做什么？有什么天赋？这确实不是可以由老师来决定的，老师的任务只是发现学生的才华，然后给他创造积极发展才华的可能性。

我有一年当高中文科班的班主任，班上有个学生叫王瑶，他在摄影方面有很高的天赋。他几乎把所有的时间都用在了摄影上，在上初中的时候就获得了北京市中学生摄影方面的大奖。但是他数学却一直不及格。面对这样一个有特长而又念不了数学的学生我也很为难。他高中毕业以后怎么办？也许由于数学他根本连高中都毕不了业。

对于这样的学生我认为必须保护，让他的优秀个性品质能得以发扬。

于是我就积极配合学校的学生会、团委会在学校(北京师范大学附属中学)给他举办了"王瑶同学摄影作品展",扩大他在社会上的影响,也帮助他能更对自己的特长有信心,为他以后的发展打基础。王瑶的数学基本是不及格水平,我也不太介意,总是鼓励他。有时还特意给他一个及格的成绩,当时同班同学很有意见,我只好在班上做适当解释,同学们也就能持理解的态度。我想,为了保护一个有特殊才华的学生,我必须这样做,不能让他的才华被埋没。我一直鼓励他好好发挥自己的特长,后来高中毕业时,他被保送到了北京一所著名大学新闻系。现在王瑶已经是一名著名的摄影家了。

我想,班主任必须在和学生的交往中,深层次地了解每个学生,发现人才、保护人才,让人才能在真正步入社会之后把个人的才华充分得以展示,为社会做出贡献。

学生的才华是多方面的。老师要善于发现学生的才华,只有发现了,才能去保护和培养。同样,对有才华的同学的不足之处,老师也应该给予力所能及的帮助。

前面已经说过了,德育工作不是班主任的专利。所有老师都是德育工作中的一分子,在老师和学生接触的分分秒秒之中,都有德育的参与。当然,班主任对德育的重要性就更胜一筹了。

从以上几个小例子可以看出:**在师生相处的过程中,无处不体现着师生之间的,也就是人与人之间的心灵对话,真诚的心灵对话能激发师生之间的真情实感,必须让学生的心灵自然放飞,特别是对个性品质很强的同学的尊重,这是进行教育行为的基础,是师生之间相互尊重和信任的前提。**

事实上,我们每个人都有一把只有自己才能打开的心锁。风华正茂的学生,更是这样。学生们有权有自己的"隐私",有自己不想让别人知道的"内心秘密"。家长和老师作为成年人,要关注学生们的"隐私",而不是生硬的"说教"。要选择适当的时机,给学生以合乎情理的引导,做平等的心灵之间的真诚对话,这样才会达到"德育"的有效结果。

第三节　北京师范大学附属中学的
百年校训"诚、爱、勤、勇"

北京师范大学附属中学的前身是五城学堂，是全国最早的一所公立中学，比"北京师范大学"还大一岁。北京师范大学附属中学开全国公立中学之先河，从诞生之日起，诸多创举，英杰辈出。其四字校训"诚、爱、勤、勇"，见证了一代又一代附中人的探索创新、明德砺志、笃行求知的脚步和身影。

现在走入北京师范大学附属中学，依然能感受到附中百年来积淀的校风——浓厚的人文气息、严谨的治学态度和"立德树人"的师生情结，弥漫在校园的各个角落，直接影响着现在的青年教师和学生们的价值判断、取向和追求。多少代师生共同努力形成的学校精神文化，无疑是一本耳濡目染、一代传一代的无形的教科书，对现代的附中人起着春风化雨、润物无声的作用。

在学校的各个角落，都能看到北京师范大学附属中学优秀的校园文化和多少代师生共同凝聚成的全人格、高素质；诚、爱、勤、勇的附中精神，为学生的健康成长，创建了一个有着深厚文化背景的校园空间。

当然，学校的文化精神，不是以年代久远而成正相关关系。前面我们介绍过的无论是北京师范大学厦门海沧附属学校，还是北京师范大学成都实验中学，在这短短几年，同样在全校师生的共同努力下，形成了自己独有的优秀文化内涵。

课堂教育教学是一种文化行为，课堂教学是在教师的文化背景下，对知识的再认识的、科学的呈现过程。这种文化首先来源于教师本人的科学文化修养和他所在的学校，必须对所在学校的文化精神有真正的认同感，再把这种认同感融入自己的优秀个性品质中去，才能真正成为一名这个学校的好教师。没有文化的老师不可能是好老师，没有文化的学校肯定不是好学校。深刻的文化底蕴，是学校的灵魂，是学校发展的源泉。

第六章　教师是阳光下
最灿烂的职业之一

第一节　教育的高尚心境和胸怀

没有教育情怀的教师，是做不了学思课堂的，因为它需要教师全身心地投入。其实，教育情怀与教师年龄无关，只与教师本人对教育的理想、追求和素质有关。北京师范大学附属中学有一位 91 岁高龄的地理特级教师——王树声老师。他已经在中学地理课堂教学中孜孜不倦地奋斗了60 多年，他谦虚好学、博古通今、忠于教育、热爱学生。现在仍然以他对地理教学的独特魅力，活跃在全国各地的中学教学讲台上，成为许多教师和学生学习的榜样。

只要是教师，无论年龄与性别，都必须有一颗不断进取的心，对基础教育要有理想和追求。这样教师才能有提高自己课堂教学质量的动力，才能有饱满的教育情怀，才能使课堂教学真正成为为学生的健康成长服务的学思课堂。

常有人会问我："你和小孩子打了一辈子交道，不烦吗?"还有人会问我："中学教师社会地位不高，待遇也不算好，以你的情况，为什么会喜欢当个中学老师?"对于这些问题，我往往都是一笑了之。因为每个人都有对幸福的自我理解。我喜欢做自己喜欢做的事，虽然只是个"小孩王"，但我觉得对社会有意义，对那么多的孩子有意义。

人的一生，其实很短暂。前 20 年不懂事，还在上学，60 岁退休开始颐养天年，中间只有 40 来年的时间来报效国家、为社会做点有意义的

事。争取在这 40 来年里，多做一点自己力所能及的、自己喜欢的、对社会有好处的事，这就是我的幸福观。

前文我说过，快乐是幸福的一种表现和认知，是一种情绪的外在表露。幸福是一种状态，是具有哲学深度的精神追求，是由于个人的社会存在，在为社会所认可之后而产生的自我愉悦的心理反应过程。我确实是幸福的，幸福只有自己才能体会得到，别人无法体会你的幸福。我喜欢学校，我喜欢学生，我喜欢讲台，我更喜欢我和我的学生们在一起分享教育成果的那种感受⋯⋯

我是一名非常快乐、幸福的中学老师，一直都在为基础教育忙碌着、工作着。我在和我的学生一起共同成长。我认识的许许多多平凡的中学老师，他们也和我一样快乐、幸福。

我国著名教育家、首批特级教师霍懋征老师于 2010 年 2 月 11 日辞世。2 月 20 日，教育部发出通知，号召全国教育工作者学习霍懋征同志终身从教的坚定信念、"爱的教育理念"和"勇于创新的精神"。霍懋征老师用她 60 年的教育教学实践着自己对学生的爱。这种爱是发自霍老师心底的。霍老师认为，"没有爱就没有教育"。她用爱成就了事业，用爱教育着自己的学生。1956 年霍懋征就成为被周恩来总理誉为"国宝"的共和国首批特级教师；1961 年，在第一次全国教育工作会上，她被列入了我国"当代百位教育家"的行列。60 年的小学教师生涯，写满了霍懋征的真情付出。在从事教师这个职业即事业的漫长过程中，霍老师用自己全部的"爱"去付出，对教育、教学的孜孜以求，将"爱"实践在自己一生的教育生涯之中。

其实，霍老师只是千千万万个基础教育工作者的一个代表，用对学生的最诚挚的爱，任劳任怨地为教育事业默默工作着。

北京师范大学附属中学有一位教美术的邓海帆老师，我在 1974 年认识他的时候，他已经 50 岁了。邓海帆老师早年毕业于"国立美专"，那是一所非常有名的美术专业学校，培养出了大批美术人才。邓老师一毕业就来到了北京师范大学附属中学教美术课，一教就是 40 多年。他家住在西直门附近，学校在和平门附近。从家到学校骑自行车要 40 分钟，邓老师从来没有抱怨过。他总和我说："我就是喜欢教这些小孩儿，虽然耽误了一点我个人的美术前程，但我觉得很值得。因为我教会了那么多孩子画画，让他们喜欢画画，我看到学生们画的画就很高兴。"

邓老师的美术课可不仅仅只是教学生画画，更多的是把学生领进了对美的欣赏、体会和追求之中。我曾经几次聆听他给学生讲如何在画画的同时形成对美的欣赏与追求。邓老师还拿了很多他个人珍藏的名画给学生们欣赏，并详尽地、耐心地给学生们讲"美"在什么地方。学生们都十分喜欢邓老师，因为他实在太博学多才了。他精通古文，还懂戏剧和音乐，英语水平也很高。有一个时期，他还教过语文课和英语课。邓老师业余时间就是读书，阅读范围很广泛。他有时还会和我讨论起数学来，在上美术课的时候会和学生们说要好好学数学："我们画画时经常要用到比例，比例本身就是一种美，而比例恰好就是数学。"

邓老师生活非常节俭，直到他 60 岁退休时，他还是骑着那辆已经很破旧的自行车。但他却特别喜欢帮助生活有困难的学生，尤其是那些爱画画的学生。他经常用自己的钱给这些学生买画画所需要的物品。有学生到他家上门求教时，他都欣然答应，而且义务辅导那些学生。直到他退休后的很长一段时间里，依然十分认真地、全义务地辅导那些有美术天分的孩子们。他把教师的"大爱与善良"全部倾注到了他的学生身上。

正如邓海帆老师这样许许多多的把自己的一生都无私奉献给了基础教育的工作者，他们才是基础教育工作队伍的主体，正是他们的辛勤劳动支撑起了基础教育的广阔天空，他们是真正具有教育情怀的人。

今天的教育是为培养明天的人才。在教师的眼里学生都是早晨冉冉升起的太阳，映红了东方天空，使阳光洒满大地。教师是可爱的、无私的、全心全意为学生的成功而努力奋斗的人群，在阳光的映射下，所有教师都是阳光教师。前面提到的顾长乐、钟善基、张岩、邓海帆等老师，就是阳光教师中杰出的代表。他们每时每刻都在用先进的思想与文化充实自己、把自己当作最美好的文化诗篇，让学生去翻阅去感受；把自己当作一块最丰硕的黑土地，让学生在这块沃土上快乐成长。

老师们几乎没有正常的作息时间，就是在哄孩子睡觉的时候，脑子

里可能都是在想明天要上的那节课，或惦记着某个学生……日复一日，年复一年，学生可以从学校毕业，远走高飞。老师却是送走了一批学生，又迎来了一批新学生。

于是，又是日复一日，年复一年……就这样，学生们走过了老师的青春岁月，学生们走过了老师的风华正茂，一直走到老师们白发苍苍。所有的老师都把自己最美的岁月无私地奉献给了一届届的学生，全心全意地向学生们传递着阳光。

北川中学校训

前面提到的北川中学，就是永远沐浴在阳光下的学校之一，走进北川中学，朴素的感恩文化扑面而来。偌大一个学校，竟没有雇佣一个专门的清洁工，无论走到学校的哪一个角落，都十分干净。从校长到学生，每一个人都在以身作则，爱校如家。在学思课堂的引领下，加速了立德树人的速度。朴实的学生与大爱善良的教师交织成一幅淡雅的油画——"沐浴在阳光下的立德树人"。

我国是尊师重教的文明大国。早在2000多年前我国大教育家孔子就成了世界上第一个把教育规范化，进行集中授课的开拓者，班级授课的创始人。他也是第一个提出"因材施教""有教无类"的教育家，他的思想对世界教育界都有积极的贡献。近现代又相继出现了如陶行知、徐特立等教育家，我们生活在这样一个有高度文化渊源的教育大国，是我们教师的荣幸。我们要在前人对教育认识和理解的基础上，更好地适应信息时代的特点，让基础教育更加发扬光大。学思课堂就是我们的行动之一。

学思课堂就是要求教师为学生创造一个安全健康的成长环境，"提高学生的思维品质、立德树人"。顾长乐、张岩等就是具体的走进学思课堂的典范，用他们的"大爱与善良"迎来一批批学生，又送走一批批学生，他们的人格魅力在学生心中生根，发芽，长成参天大树，开花结果。

顾长乐、张岩、刘亚春等这样用自己全部的"大爱与善良"倾注在学生身上的老师，会让学生确确实实感受到爱是教育的真谛，爱学生是教师的天职。

真正的教育不仅仅是传授知识，也不仅仅是讲授人生的大道理，而且是将"大爱与善良"化为自己的言行，用自己面对生命的态度去爱学生，去影响学生，让学生体验到，被爱是一种多么幸福的感觉，让学生把他感受到的这些美好传递给更多的人。

教育其实就是教师人格魅力的传递，用生命去影响生命，用"大爱与善良"去播种、去生根发芽，绽放人生的光彩！

第二节　我的教育观

第一，学校教育其实就是"教师人格魅力的传递"，教师要用生命去影响生命，用"大爱与善良"去播种，帮助学生成长！

第二，没有"通用"的教育方式方法。尊重学生、适合学生健康成长的，才是最好的教育。每个学生成才的途径和方式都是不同的。

第三，学校教育应帮助学生内心更加丰富和强大，为其终生的学习与发展奠定基础。帮助学生提升思维品质是课堂教学的重中之重。为此，学校必须为学生创建一个可使他们健康成长的学思课堂环境。

第四，在学校内的学习与思考都是为了发展个人内在的精神力量，获得大爱、善良的品格，提升独立思考能力，从而在进入社会后为自身

发展提供积极的影响。

第五，无论是合作式学习，还是探究讨论，都是达到"学思结合"的必要手段。但是如果没有把它们融入学思课堂，这些学习方式就会流于形式。

第六，现代化教学手段是为教学服务的。学思课堂不能过分追逐潮流，要踏踏实实为学生的健康成长服务。

第三节　我的教育情怀

一个教师是不是有"教育情怀"，是一件"只可意会，不可言传"的事。我只知道没有站过三尺讲台的人，很难真正明白"教育情怀"这四个字的分量。实际上，这本小册子，从头到尾，都在阐述并散发着浓浓的"教育情怀"。

"教育情怀"不是"抽象的概念"，而是脚踏实地的理想、信念和行为。

2014 年秋，我和夫人王京华在北川中学播种学思课堂。时逢中秋佳节，考虑到"播种"正酣，加之刘校长的挽留，我们二人便留在北川过中秋节。晚餐后，我们漫步到北川湿地，红霞漫天，我想起远在北京的亲人，又想起自己走过的人生几乎都与三尺讲台为伴，别有一番感触，于是写了这首不成诗的"顺口溜"，或许，这也就是我的"教育情怀"。

北川中秋有感

乔荣凝

雁南归，秋池满，

湿地浅草，白鹭点点。

环山黛墨，绿草茵茵，

晴空万里云淡。

日欲落，月即出，

天际红霞一片。

风丝丝，鸟喧喧，
极目远眺，思绪缠绵。
春风化雨，润物无声，
　青春午后暮年。
　溪涓涓，水淡淡，
　滴滴汗水杏坛。

时境迁，催白发，
学为人师，行为世范。
恩泽孩提，心甘情愿，
　桃李葳蕤成园。
　名不扬，利随缘，
　坦荡平和恭谦。

中秋夜，月已圆，
泽被后人，不计己愿。
琴瑟和谐，相敬如宾，
　款款细语互勉。
　桂飘香，杯映月，
　冰轮起舞翩翩。

　　　　　　——2014 年中秋

附：学思课堂的延伸（校园戏曲剧本）

一、 老人与海

本剧为根据海明威同名小说改编的戏曲。海明威笔下的"老人"，有着永不言败的精神，有着肉体可以被吞噬，精神不能被打倒的英雄气概。

请扫描下方二维码，观看剧本详情。

二、 英雄颂

本剧以一对新婚夫妇因战争分离又团员的故事，反映普通老百姓的爱国情怀和坚贞的爱情，本剧引用了杜甫著名诗歌《新婚别》并为其赋予了新时代的价值取向。

请扫描下方二维码，观看剧本详情。